QUE SAIS-JE ?

La philosophie de l'art

JEAN LACOSTE
Ancien élève de l'Ecole Normale Supérieure
Agrégé de philosophie

Troisième édition corrigée

22e mille

DU MÊME AUTEUR

L'idée de beau, Paris, Bordas, 1986.

Traductions

CASSIRER (Ernst), *La philosophie des formes symboliques*, t. I : *Le langage* (avec O. HANSEN-LOVE), et t. II : *La pensée mythique*, Paris, Minuit, 1972.

BLOCH (Ernst), *Droit naturel et dignité humaine* (avec D. AUTHIER), Paris, Payot, 1976.

BLOCH (Ernst), *Héritage de ce temps*, Paris, Payot, 1977.

HABERMAS (Jürgen), *Raison et légitimité*, Paris, Payot, 1978.

BENJAMIN (Walter), *Sens unique* précédé de *Enfance berlinoise*, Paris, Lettres nouvelles / Maurice Nadeau, 1978.

NIETZSCHE, RÉE, SALOMÉ, *Correspondance* (avec O. HANSEN-LOVE), Paris, PUF, 1979.

BENJAMIN (Walter), *Charles Baudelaire*, Paris, Payot, 1982.

ISBN 2 13 042105 9

Dépôt légal — 1re édition : 1981
3e édition corrigée : 1988, novembre

108, boulevard Saint-Germain, 75006 Paris

INTRODUCTION

Il n'est pas besoin de rappeler la traditionnelle méfiance des philosophes envers l'art et les artistes. Naguère encore Sartre a écrit de belles pages rageuses sur l' « arrivisme » du Tintoret et de Titien (*Situations*, IV, p. 317). D'un autre côté, la diversité des expériences esthétiques singulières et la simplicité de l'acte créateur réclament, dit-on, le silence et le secret : faiblesse ou privilège, l'art est irréductible au langage et aux concepts (Gilson, p. 298). Mais la philosophie de l'art peut naître parce que l'expérience esthétique devient d'elle-même relative et problématique. Primitif, exotique, populaire, « gothique », « brut », naïf, l'art se charge lui-même de faire éclater, dans le temps et l'espace, toute définition canonique du beau, que chaque élargissement du « musée imaginaire » fait apparaître comme un préjugé. La philosophie de l'art n'est donc pas dans la tête du philosophe. Elle est appelée par l'histoire, somme toute récente, de la définition des « beaux-arts » et du plaisir « esthétique », autrement dit sensible et subjectif, que peut procurer une œuvre d'art.

« Art » est d'ailleurs un mot équivoque. On opposait au Moyen Age les *arts libéraux* enseignés à la faculté et les *arts mécaniques*, les opérations presque spéculatives de l'esprit et les opérations vulgaires de la main. La peinture faisait donc partie des arts mécaniques, et le poète Rutebœuf disait au contraire : « Je ne suis ouvrier des mains. » Mais dès la fin du XIVe siècle, à Florence, les peintres revendiquent pour la peinture nouvelle issue de Giotto le statut social d'un art libéral comparable, par son pouvoir de création et son imagination audacieuse, à la poésie (A. Chastel, I, p. 363). Et Léonard de Vinci ira plus loin encore en assimilant la peinture, *cosa mentale*, aux « raisonnements philosophiques » et à l'exploration de la nature. Mais c'est seulement au XVIIIe siècle que se précise la distinction entre artiste et artisan et que les beaux-arts deviennent autonomes (cf. *Les beaux-arts réduits à un même principe* de l'abbé Batteux, 1746). La classification reste cependant incertaine, et ce flottement est déjà révélateur. L'artiste désigne d'abord un homme habile dans un art mécanique difficile (l'horloger par exemple), puis « celui qui travaille dans un art où le génie et la main doivent concourir ». Les beaux-arts, d'autre part, sont « enfants du génie ; ils ont la nature pour modèle, le goût pour maître, le plaisir pour but » (*Dictionnaire des beaux-arts* de La Combe, 1752). Les beaux-arts, issus de l'imagination font donc partie, comme la poésie, des arts libéraux, que d'Alembert dans l'*Encyclopédie* oppose à la fois à la philosophie et aux arts mécaniques. Mais Diderot, dans son éloge de Colbert et des arts mécaniques (article « Art »), cite des peintres, des graveurs et des sculpteurs.

La peinture est ainsi le symbole parfait de ces arts du beau inclassables, qui ne cherchent ni la vérité ni l'utilité, qui expriment, mais en silence, qui imitent une réalité imaginaire, et qui font surgir du corps une œuvre souvent plus religieusement admirée que les constructions de la seule pensée.

Chapitre Premier

L'IMITATION

Si la philosophie de l'art commence avec Platon, elle commence, paradoxalement, par une condamnation des « beaux-arts » et de la poésie. Il serait trop simple de voir en Platon un philistin ou un « béotien ». Athénien, il avait sous les yeux bien des œuvres d'art, le Parthénon par exemple, achevé peu de temps avant sa naissance. Dans ses dialogues il mentionne d'ailleurs souvent des peintres et des sculpteurs, anciens ou modernes (Dédale, Zeuxis, Phidias, etc.) (cf. P.-M. Schuhl, *Platon et l'art de son temps*). Il avait d'autre part reçu, comme tous les jeunes nobles grecs, une éducation qui accordait une place éminente aux poètes. Socrate lui-même parle de l' « amitié respectueuse » qu'il a pour Homère (*Rép.*, 595 *b*). Enfin les dialogues ne sont-ils pas eux-mêmes des œuvres d'art ? Et pourtant Socrate bannit le poète (*Rép.*, 398 *a*), et répudie à la fois la peinture muette et les discours écrits (*Phèdre*, 275 *d*). Et seul l'art égyptien trouve grâce aux yeux de l'Etranger des *Lois* (656 *d*), parce qu'une législation sévère en a fixé immuablement les règles.

Mais pour être précis il faudrait dire que les « beaux-arts » en tant que tels n'existent pas chez Platon. En revanche il est souvent question d'art *(technê)*. Le *Politique* évoque l'art du tissage et analyse l'art de gouverner, le *Gorgias* se demande si la rhétorique est un art et le *Philèbe* met la dialectique au sommet des arts. Est-ce à dire que la peinture, la poésie, la musique n'ont pas une place à part dans ce vaste ensemble de la *technê* ? Certes pas, mais elles ne sont pas définies, comme les « beaux-arts » modernes, par l'expression de la beauté. Inversement la beauté ne s'incarne presque jamais, chez Platon, dans des œuvres d'art. Après que la recherche de l'essence de la beauté dans l'*Hippias* eut abouti, au terme d'une dialectique un peu sèche, à un aveu d'échec, le *Banquet* nous révèle comment l'amour des beaux corps peut se purifier en amour de la beauté. Mais ces deux dialogues ne mentionnent guère les œuvres d'art.

Il est pourtant possible, et même nécessaire, de partir de Platon, parce que la conception moderne de l'art, qui, à partir du XVIIIe siècle, se caractérise, d'une part, par le rattachement de la beauté aux productions de certains arts et, d'autre part, par une définition de cette beauté qui la fait naître d'un plaisir « esthétique », plus ou moins pur, mais en tout cas radicalement subjectif, plonge ses racines dans la philosophie de Platon. Par une censure qu'il serait naïf de croire inconsciente, les éléments d'une « esthétique » sont présents chez Platon, mais refoulés. C'est la raison pour laquelle Nietzsche cherchera à renverser le platonisme. Nietzsche verra dans le « platonisme », qui pose que la vérité est le suprasensible et qui condamne l'art parce que celui-ci repose sur l'apparence sensible, l'illusion et l'erreur, une première forme de nihilisme et d'hostilité à la vie. (Mais en définissant l'esthétique comme psychologie et finalement comme « physiologie » de l'art, Nietzsche n'est-il pas resté prisonnier de ce nihilisme ? C'est la question que pose Heidegger dans son livre sur Nietzsche.)

I. — La mimêsis

Un texte capital de la *République* (X, 595 *a*) permet de définir la place qu'occupent les arts auxquels sera plus tard réservée la production de la beauté. Socrate et ses interlocuteurs, en effet, fondent une cité idéale où règne la justice. Vient un moment où il apparaît nécessaire d'exclure les poètes (398 *a*, *b*). La poésie, en effet, est définie par la *mimêsis*, l'imitation, qu'il ne faut pas confondre trop rapidement avec une conception naturaliste et réaliste de l'art (*infra*, p. 100). La définition de l'art comme *mimêsis* se rattache, de façon plus profonde, à la conception grecque de l'être et de la vérité.

Quand, d'une chose qui est devant nous, nous disons, par exemple, « c'est un arbre » (même s'il n'est que dessiné), nous disons ce que cette chose *est*, nous lui reconnaissons une identité et un être. Cet être, c'est que Platon appelle « essence », « forme » ou Idée. L'Idée est ce qui, par sa présence, fait qu'une chose est ce qu'elle est (un arbre). L'être, défini comme Idée, est permanent, et s'oppose donc au changement et au devenir. Or, les objets fabriqués *(ta skeuê)*, les « ustensiles » (un lit par exemple), ont aussi une Idée, une forme permanente qui fait que nous les reconnaissons quand nous les voyons. L' « ustensile », qui doit être utilisé par la communauté des hommes (le « peuple », le *dêmos*), est fabriqué par un artisan, un ouvrier du peuple *(dêmiourgos)*. Celui-ci fabrique le lit les yeux fixés sur l'Idée du lit, sur ce que doit être un lit pour être un lit. L'artisan ne produit pas l'Idée elle-même et, avant de faire pratiquement le meuble, l'artisan doit regarder l'Idée à laquelle son travail est subordonné. En ce sens l'artisan est un bon imitateur, il rend présent aux sens une Idée limitée.

Mais imaginons, avec Socrate, un homme capable de tout produire *(panta poiein)*, de produire ce que chaque artisan produit séparément et même de produire ce qui naît de la Terre, tous les animaux, le ciel et la terre et même les dieux. Un homme puissant et admirable, sans doute. Et pourtant cet artisan universel existe, il produit toutes ces choses, mais d'une certaine façon. Il suffit en effet, pour tout « produire », et très rapidement, de prendre un miroir et de le promener

(596 *d*). Et le peintre sera comparé à cet homme au miroir. Le miroir « produit » au sens grec *(poiein)*, il rend présent une chose et puis une autre, telles qu'elles sont, puisqu'elles sont reconnaissables. On voit ici que *poiein* ne veut pas dire fabriquer.

Cependant le miroir (et le tableau) ne produit pas les choses dans leur vérité *(ta onta tê alêtheia)*, mais les choses « dans leur apparence » *(onta phainomena)*. Il est vrai que l'artisan lui-même ne produit pas l'Idée du lit. Or, seule l'Idée du lit est chose réelle. L'artisan qui fait un lit ne produit donc pas, lui non plus, la réalité de cet « ustensile », mais un analogue. L'artisan ne parvient pas non plus au lit véritable, c'est-à-dire au lit qui est toujours un lit. En faisant apparaître l'Idée, qui est le vrai lit, dans le bois, il obscurcit plutôt l'éclat originaire de l'Idée. Si la peinture, par conséquent, est un art dont la *mimêsis* est l'essence, cela ne signifie pas que la peinture reproduit, de façon plus ou moins « réaliste », une réalité qui serait les objets concrets de l'existence quotidienne. La peinture est une certaine façon de produire par l'imitation de l'Idée, comme la fabrication artisanale. Il faudra donc distinguer la *mimêsis*, qui est le propre de l'imitation picturale, de l'imitation artisanale.

Les ignorants se contentent de voir une multitude de lits concrets. Mais le philosophe, par la considération d'un lit unique, découvre trois lits différents : le lit « naturel » (597 *b*), le lit en vérité, l'Idée de lit, puis le lit individuel que fabrique l'artisan, et enfin le lit peint par le peintre *(zôgraphos)*, comme le Lit peint par Van Gogh à Saint-Rémy-de-Provence. L'Idée du lit est appelée un lit « naturel » *(phusei)* : une formule bien étrange, puisque la nature ignore les lits. Mais il est clair ici que la *phusis*, la nature dont il est question, désigne la façon qu'a l'Idée de se manifester par elle-même, d'éclore, d'être présente. Pour expliquer cette façon d'être en vérité, Platon fait appel à l'idée mystérieuse d'un Dieu « ouvrier naturel » de l'essence du lit, du lit unique. Les artisans incarnent cette Idée dans les multiples lits fabriqués et le peintre imite à son tour l'ouvrage des artisans.

La *mimêsis* picturale n'est donc pas seulement une imitation. Le peintre qui ne produit pas des ustensiles pour l'usage commun des hommes est plus éloigné du lit dans sa vérité que l'artisan. La *mimêsis* est une production subordonnée qui se définit par la distance, par l'éloignement par rapport à l'être, à l'Idée du lit, à la forme non défigurée.

En effet, la différence entre l'artisan et le peintre est capitale pour notre propos : l'artisan fabrique un lit qui a l'unité, l'identité d'une chose (598 *a*). Le peintre, en revanche, ne peint, ne « rend » qu'un aspect du lit, de face ou de côté, etc. Le peintre imite donc le réel, non pas tel qu'il est, mais tel qu'il apparaît. Il peint un *phantasma* (598 *b*). La peinture se définit donc par son éloignement du réel et du vrai, elle produit un simulacre, une idole *(eidolon)*.

Ce qui est vrai de la peinture est vrai aussi de la poésie, et finalement définit l'art (au sens moderne) par rapport aux autres productions.

Le poète, en effet, semble avoir une vaste compétence, il chante à merveille les belles actions, le courage, la noblesse du commandement. Mais, comme le peintre et l'homme au miroir, il ne produit que des simulacres. « Tous les praticiens de la poésie sont des « imitateurs » qui produisent des simulacres de vertu » (600 *e*).

Il est donc vrai que chez Platon *technê* ne désigne pas l'art au sens moderne, ni d'ailleurs une technique. L'art (si l'on garde cette traduction traditionnelle) désigne un savoir, un savoir-faire réfléchi et raisonné qui s'oppose à la routine *(tribê)* (*Gorgias*, 463 *b*; *Phèdre*, 260 *e*), et le *Philèbe* distingue les arts de la mesure et du nombre (l'architecture) et les arts qui reposent sur l'expérience, l'intuition et la conjecture (56 *a*) : la musique, la médecine, l'agriculture, etc. Mais le texte de la *République* permet de définir ce que les modernes appellent les beaux-arts : leur essence est la *mimêsis*. A ces arts Platon fait grief d'être à la fois trop mobiles et trop immobiles, de produire l'apparence de tout, mais de le faire en figeant une seule perspective, un seul point de vue.

Plusieurs textes du *Sophiste* permettent de préciser la nature de cette *mimêsis* : ce dialogue divise en effet les arts (265-266) en arts d'acquisition (la chasse, etc.) et en arts de production. Les arts de production sont eux-mêmes divisés en production de choses réelles et en production de simulacres *(eidola)*, par exemple les tableaux (266 *a*), qui sont comme des rêves humains à l'usage des gens éveillés. Par une analogie qui va longtemps hanter l'histoire de la pensée de l'art, le tableau est ici conçu comme le simulacre de l'objet *fabriqué* par l'homme (Platon ignore le paysage). Il est donc comparable à l'ombre, simulacre d'un objet *naturel* créé par Dieu. Mais la dichotomie va introduire une nouvelle distinction dans l'art de la *mimêsis* (266 *d* ; cf. 235 *d* - 236 *c*) avec, d'une part, la simulation, ou art de la copie « conforme », et, de l'autre, l'art de l'apparence illusoire. L'artiste peut, en effet, réaliser une icône *(eikôn)*, une reproduction qui se conforme aux proportions (en grec : à la « symétrie ») du modèle, à ses dimensions réelles (*Lois*, 668 *e*). L'artiste crée ainsi une œuvre vraie qui respecte par exemple le canon des proportions du corps humain fixées par Polyclète. Mais l'artiste peut aussi, en renonçant à cette vérité objective, chercher une ressemblance purement apparente, le *phantasma* qui fera illusion : c'est l'art « phantastique ». Par exemple le sculpteur peut déformer les proportions d'un groupe destiné à être vu de loin : il tient compte du point de vue du spectateur.

En vérité, Platon ne condamne pas les arts en tant que tels : son goût consciemment archaïsant le porte à condamner l'illusionnisme de l'art révolutionnaire de son époque, dans lequel il voit une conception strictement humaniste, relativiste, proche des sophistes. Et, par un renversement bien évident, dans la Florence du Quattrocento, Alberti justifiera la construction du « carré de base » dans la *perspectiva artificialis* par un relativisme inspiré de Protagoras qui fait de l'homme la mesure de toutes choses.

Si l'on compare (Gombrich, *L'art et l'illusion*) la permanence des œuvres égyptiennes (dont le caractère à dessein schématique et « conceptuel » s'explique par leur fonction essentiellement religieuse) à la rapide évolution de la sculpture grecque du VIe au IVe siècle, on constate que Platon refuse en fait d'accepter la fonction nouvelle dévolue aux images et ces « conquêtes du naturalisme » (p. 157), dont la « vérité » est indissociable du mensonge qui en est la condition. Or, une des nouveautés les plus frappantes de cette « révolution » illusionniste qui marque les débuts de l'art occidental est ce que Platon appelle à plusieurs reprises la *skiagraphia*, l'art du trompe-l'œil capable de donner au spectateur l'illusion de la profondeur, soit par la perspective linéaire, soit par le modelé de l'ombre et de la lumière et le jeu des couleurs. L'invention de la perspective linéaire proprement dite est attribuée à un certain Agatharcos (env. 460 av. J.-C.) qui, selon Vitruve (*De l'architecture*, VII, Préface), aurait peint pour Eschyle des décors de tragédie montrant la façade et les murs latéraux des édifices. Démocrite et Anaxagore auraient alors défini les règles de cette technique naissante de la scénographie qui, quelque différente qu'elle soit de la *costruzione legittima* codifiée par les Florentins du XVe siècle, n'en est pas moins une première façon d'interroger par les moyens de l'art ce que Merleau-Ponty appellera la profondeur de l'Etre. (Sur le problème de la perspective dans l'Antiquité, voir E. Panofsky, *La perspective comme forme symbolique*, et J. White, *The Birth and Rebirth of Pictorial Space*.)

L'autre élément essentiel de l'art du trompe-l'œil condamné

par Platon est le modelé, qu'Apollodore le Skiagraphe aurait porté à la perfection. L'ombre *(skia)* ne désigne pas ici, en effet, l'ombre portée extérieure à l'objet, mais le passage graduel sur celui-ci de la lumière à l'ombre. Ainsi Zeuxis aurait découvert ce que les peintres appellent le reflet. Considéré comme le maître de l'harmonie et du mélange des couleurs, Zeuxis est aussi probablement l'inventeur de la peinture sur chevalet, avec laquelle l'image cesse d'être l'incarnation d'une essence éternelle pour se tourner vers le regard subjectif d'un amateur d'art. On connaît sans doute l'anecdote fameuse qui résume les prestiges suspects de cette trop habile « imitation de la nature » : Zeuxis avait peint des grappes de raisin si parfaites que les oiseaux venaient les picorer. Mais son rival Parrhasios avait peint une draperie posée sur un chevalet dans un trompe-l'œil si magistral que Zeuxis, mystifié, tenta en vain de le soulever (Pline, *Histoires naturelles*, XXXV, 36, 5 ; Hegel, *Introduction*, p. 47 ; Gombrich, *op. cit.*, p. 259).

Même si la *République* se demande à quelle fonction de l'âme attribuer cette « erreur visuelle dont les couleurs sont l'occasion » (602 *c*), Platon considère moins ce phénomène de l' « impression » trompeuse pour l'œil comme un problème psychologique que comme une « perturbation » *(tarachê)* de l'âme et « c'est pour s'être attachée à ce fâcheux état de la nature que la peinture en trompe l'œil *(skiagraphia)* n'est pas loin d'être une sorcellerie *(goêteia)* » (*Rép.*, 602 *d*). Le trompe-l'œil, en effet, doit être vu à une certaine distance (*Théétète*, 208 *e*) et à un certain point de vue. Si l'on est trop près, l'impression disparaît et l'illusion s'évanouit dans la confusion, comme les faux plaisirs (*République*, 586 *b*, *c*). Platon condamne donc cet art moderne dont l'essence est la *mimêsis* parce que celui-ci donne le sentiment du réel, mais selon un seul point de vue, alors que la contemplation des Idées, des vraies réalités, évoque le mouvement d'un homme qui admire des statues. Comme, par définition, l'imitation ne peut être parfaite, puisque la perfection détruirait l'image et aboutirait à l'identité

(*Cratyle*, 432 *b*), l'imitation réussie du trompe-l'œil est donc à la fois vraie et fausse, elle est et elle n'est pas (*Sophiste*, 240 *b, c*) : c'est un entrelacement troublant d'être et de non-être, un *mê on*.

II. — La séduction de l'art

Platon rapproche donc le peintre, le poète et le sophiste dans une même définition du trompe-l'œil et du « double ». Tous les trois sont des illusionnistes dont la prétendue compétence universelle est un fantôme aussi irréel que le reflet sur le métal poli du miroir. Mais ce miroir qu'est l'art mimétique ne laisse pas de fasciner et sa magie n'est pas une métaphore. Ce moindre être qu'est l'illusion, paradoxalement, exerce une fascination que la philosophie doit dissiper inlassablement. L'art fait oublier les vraies réalités (vers lesquelles la Beauté reconduira). Le mot grec pour désigner les couleurs du peintre *(pharmakon)* n'évoque-t-il pas également le philtre du sorcier ? Platon, quand il condamne la peinture comme un art dont la *mimêsis* est l'essence, a donc une conscience très nette de la puissance de l'esthétique, si l'on veut bien entendre par là la réduction de l'œuvre d'art à un objet qui provoque certains états psychologiques, certains « affects », et qui s'adresse à la sensibilité, et finalement au corps de l'homme (cf. *Rép.*, 605 *c* - 606 *d*). « L'esthétique n'est rien d'autre qu'une physiologie appliquée » : cette formule de Nietzsche dans *Nietzsche contre Wagner* éclaire déjà les rapports entre Platon et l'art. Mais la Beauté a chez Platon l'effet inverse : elle détourne de la sensibilité et du corps.

Dans la cité idéale que l'Etranger fonde si soigneusement dans les *Lois*, la musique (accompagnée nécessairement de chants et de danses) joue un rôle essentiel dans l'éducation morale des jeunes citoyens (II, 654 *b*). L'art exerce sur le corps et les passions une influence que le législateur doit régler et utiliser à la manière des régimes que la médecine hippocratique recommandait de suivre pour être en bonne santé (*Lois*, 797 *d*, *e*). Ainsi « le motif pour lequel la culture musicale est d'une excellence souveraine » est que « rien ne plonge plus profondément au cœur de l'âme que le rythme et l'harmonie » (*Rép.*, 401 *d*). Mais ce bel éloge de la musique — don d'Apollon — s'accompagne d'une réglementation stricte des banquets et de l'usage du vin, qui révèle, comme l'a vu Nietzsche, une conscience fort nette des puissances de Dionysos (672 *d*). Socrate, qui est le seul à garder la tête claire lors du banquet avec Alcibiade et Aristophane, apparaît dès lors comme celui qui résiste aux séductions irrationnelles de l'art et qui redonne à la musique sa fonction apollinienne d'éducation des passions. La dialectique et l'ironie ont d'abord la fonction négative d'une purgation, d'une *catharsis*. Même si Ménon et Alcibiade évoquent la magie paralysante de Socrate lui-même, celui-ci est, de façon assez vertigineuse, un faux imitateur, un artiste ironique qui réveille au lieu d'engourdir, en transformant son ignorance consciente en miroir des opinions trop hâtives de ses interlocuteurs. D'où le différend séculaire entre la philosophie et la poésie dont parle la *République* (607 *b*). Avec une certaine brutalité Socrate déclare qu'Ion, le rhapsode, interprète Homère sans art ni savoir (*Ion*, 532 *c*), de façon irrationnelle et en vertu de quelque instinct (*Apologie*, 22 *c*). A la lettre les poètes ne savent pas ce qu'ils disent, de même que les peintres ne connaissent pas ce qu'ils peignent. Mais l'artiste inspiré des

Muses peut aussi être comme un devin qui parvient à une intuition qui va au-delà de la raison discursive : Socrate le dit à la fin du *Ménon*, avec peut-être une certaine ironie, mais l'Etranger des *Lois* est fort clair :

« C'est que la gent poétique, qui est divine, possédée d'un Dieu quand elle chante ses hymnes, atteint en toute occasion, avec le concours de certaines des Grâces et de certaines des Muses, les faits qui se produisent dans l'ordre de la réalité » (682 *a*).

Et le second discours de Socrate dans le *Phèdre* suggère que le délire *(mania)* qui habite le poète et qui le distingue du versificateur, est un bienfait des Dieux (245 *a*). Seul, peut-être, Heidegger aura pour la dignité du poète le respect de Platon pour Homère, mais la condamnation de l'art, dont l'essence est la *mimêsis*, n'en est que plus nette :

« Que néanmoins ceci soit bien entendu : dans le cas où la poésie imitative visant au plaisir aurait quelque raison à faire valoir pour la nécessité de sa présence dans un Etat régi par de bonnes lois, ce serait avec joie que, nous au moins, nous l'accueillerions, ayant bien conscience en effet du charme magique qu'elle exerce sur nous personnellement ! N'importe ! ce que l'on juge être le vrai, il y a impiété à le trahir » (607 *c*).

III. — Le beau et la création artistique

Platon n'ignore donc pas ce que nous appelons les beaux-arts, et l'on trouve même chez lui une analyse des effets psychologiques et physiologiques de l'art ainsi qu'une description de l'enthousiasme poétique que retrouveront les « esthétiques » du XVIIIe siècle (par exemple celle de Diderot). Mais Platon définit ces arts non par la Beauté, mais par la *mimêsis*, c'est-à-dire par une infériorité ontologique, par l'éloignement des vraies réalités, des Idées, vers lesquelles la Beauté, par un mouvement inverse, doit reconduire. Cela veut-il dire que la conception platonicienne de la Beauté est étrangère à notre propos ? Les choses, évidemment, ne sont pas aussi simples.

La démarche platonicienne (scolairement expliquée dans l'*Hippias*) consiste à rassembler la multiplicité des belles choses dans l'unité de l'essence du beau, de ce qui, par sa présence, fait paraître belle chacune des choses où il est présent (294 *a*). Or, en schématisant, on peut donner à la question de l'essence du beau, de l'être du beau, trois réponses :

a) Platon reconnaît tout d'abord qu'il y a des choses qui sont belles par elles-mêmes, parce qu'elles procurent un plaisir sans mélange (*Philèbe*, 51 *a*), autrement dit un plaisir pur qui ne naît pas de la cessation d'une peine. Les couleurs et les formes géométriques, ainsi que les sons et les parfums, sont beaux en ce sens, par un agrément où le sophiste Hippias croit un instant trouver l'essence de la beauté (*Hippias*, 298 *b*). De fait, nous sommes ici sur le seuil de l'esthétique moderne qui fonde la beauté sur l'expérience d'un plaisir. Mieux encore, Socrate constate que le beau est un agrément qui vient essentiellement de l'ouïe et de la vue. Il en vient donc à formuler une question où est comme esquissée l'esthétique kantienne : pourquoi, en effet, « mettre à part de l'agréable cet agréable-là qui, d'après vous, a la qualité d'être beau, tandis que, à propos des autres sensations, celles qui se rapportent aux aliments, aux boissons, à l'amour, à tout ce qui est encore du même genre, vous ne parlez point de leur beauté ? » (298 *d*, *e*). Mais Socrate s'engage sur une autre voie en se demandant si le plaisir que donnent la vue et l'ouïe est meilleur, et donc s'il n'est pas un plaisir « utile » (303 *e*). Le plaisir pur serait-il beau parce qu'il suppose un corps libéré du besoin et invite à chercher une autre réalité ?

Le refus chez Platon d'une esthétique au sens moderne est plus net encore si l'on suit la démonstration de l'Etranger dans les *Lois*, qui se demande si le plaisir doit être le critère qui permet de juger des arts d'imitation et en particulier de la musique (668 *a*). Le plaisir que peut donner un art d'imitation est un art relatif (et non un plaisir absolu, comme le plaisir sans mélange), parce qu'il naît de la ressemblance (*Lois*, 667 *d*). Il ne faut donc pas juger d'une imitation en prenant pour seul critère le plaisir qu'elle donne. Ce plaisir, le charme, est trop soumis à la variabilité des opinions et des goûts. Un art d'imitation doit être jugé en fonction de la rectitude de son œuvre, c'est-à-dire de sa vérité, de sa conformité à un modèle qu'il importe de connaître auparavant. La musique accompagnée de mouvements rythmés du corps imite une tempérance vertueuse (une idée qu'Alain reprendra), et cette imitation, par les mouvements du corps, de la tempérance et de la discipline des passions, est une chose éminemment bonne et utile pour l'éducation des jeunes gens (669 *a*). Le plaisir esthétique naît donc du spectacle de la conformité à un modèle qui est beau, lui, par la juste proportion qui est en lui (puisqu'il s'agit de la tempérance).

b) La beauté, en un sens plus intellectuel et moins lié aux sens, peut donc résider dans la juste proportion des parties et l'harmonie du tout (*harmonia* désigne l'octave chez Pythagore, cf. *Phédon*, 85 *e*). C'est par la sauvegarde de la juste mesure que les arts obtiennent des réalisations bonnes et belles, dit le *Politique* (284 *b*). « Partout mesure et proportion ont pour résultat de produire la beauté et quelque excellence » (*Philèbe*, 64 *e*). Mais l'art qui est capable ainsi de produire une belle chose, n'est pas l'art des beaux-arts et de l'esthétique. Il est vrai que, dans la *République*, Socrate évoque le travail de l'artiste qui peint une statue (comme les Corées de l'Acropole) en disant : « Il faut appliquer à chaque partie la couleur appropriée pour réaliser la beauté du tout » (420 *d*, *e*). Mais cette beauté n'est pas propre à l'œuvre d'art : elle appartient aux productions de l'architecte, du constructeur de navires comme à celles du peintre (*Gorgias*, 503 *e* ; *Phédon*, 86 *c*). La beauté est définie, en fait, comme la réalisation d'un ordre intellectuel :

« Chacun d'eux se propose un certain ordre quand il met à sa place chacune des choses qu'il a à placer et il contraint l'une à être ce qui convient à l'autre, ou à s'ajuster à elle, jusqu'à ce que l'ensemble constitue une œuvre qui réalise un ordre et un arrangement » (*Gorgias*, 503 *e*).

c) Mais cette contrainte réciproque des parties et cette harmonie du tout qui constituent une forme de beauté intrinsèque, interne, reposent elles-mêmes sur la conformité à une fin. La coque d'un navire peut être belle absolument parce qu'elle est d'un dessin harmonieux, mais cette beauté est relative dans la mesure où la courbe de la coque doit être parfaitement conforme à sa fonction : offrir le moins de résistance à la course, etc. La beauté devient alors plus intellectuelle encore, puisqu'elle est la saisie d'un rapport. En ce sens la cuiller en bois de figuier est belle parce qu'elle est parfaitement adaptée à sa fonction (*Hippias*, 290 *d*). L'essence de la beauté serait ainsi l'utile (*Gorgias*, 474 *d*). La beauté n'est donc plus absolue comme celle qui procurait un plaisir pur : la beauté est relative à un bien auquel l'objet beau est conforme.

A cette assimilation de la beauté à l'utile, c'est-à-dire à un pouvoir, à la faculté de produire quelque chose, Socrate ne peut opposer qu'un curieux argument qui reviendra, métamorphosé, chez Kant : le beau est l'utile, mais puisque l'utile est l'agent dont l'action produit un bien et que l'agent est distinct du produit de son action, il faut bien en conclure que le beau est distinct du bien, comme le moyen de la fin. De la beauté absolue (immédiate) du plaisir pur des sens, nous sommes passés à la beauté qui vient de la saisie intellectuelle de la juste mesure et de l'harmonie, puis à cette beauté relative (comme celle, déjà, des arts d'imitation) dont l'essence est l'utilité, c'est-à-dire la faculté de se conformer à autre chose, qui est un bien. Mais ce mouvement qui nous détache des sens (sans nier, comme les Cyniques, la réalité du plaisir) (*Philèbe*, 44 *b*, *c*), et qui nous conduit peu à peu vers une recherche intellectuelle du vrai bien, n'est-il pas finalement l'aspect le plus précieux du beau ?

Les choses sont belles par leur participation à l'Idée du beau, une Idée unique et permanente, à laquelle on parvient au terme d'une ascension dialectique que décrit le *Banquet*. Mais cette Idée du beau, comme le montre le *Phèdre* dans un mythe, a le privilège de se manifester aux sens par des simulacres clairs. Les choses belles ne sont donc belles que parce qu'elles conduisent peu à peu celui qui les aime à chercher leur unité, à chercher au-delà des sens l'essence qui fait qu'elles sont belles. Or les choses belles sont belles parce que, de façon plus transparente que les choses qui ont d'autres qualités, elles conduisent l'âme au-delà du corps, vers la vérité suprasensible. La chose la plus importante dans la définition de la beauté est en fait la recherche de l'unité de cette définition à travers la multiplicité des belles choses sensibles.

Il y a donc chez Platon un art du beau, mais cet art est la dialectique, l'art suprême selon le *Philèbe*, et non un des beaux-arts au sens moderne (savoir produire de belles choses qui donnent du plaisir). L'art platonicien du beau cherche à purifier le plaisir et à le remplacer par la saisie intellectuelle des essences. La Beauté, par ailleurs, bien que sensible, n'est pas propre aux œuvres d'art, et conduit en fait à l'ascèse. L'art d'imitation, de ce point de vue, est plutôt un obstacle à la recherche de la Beauté, puisqu'il est surtout une invite à séjourner dans le monde sensible qu'il reproduit.

Eros est l'amour de la Beauté : amour de la beauté des corps, de la beauté de l'esprit, des lois et des sciences, enfin de la Beauté elle-même (*Banquet*, 210-211). Les arts ne jouent aucun rôle dans cette purification du désir, mais Eros, ce démon « habile comme un sorcier, inventeur de philtres magiques » (203 *d*), et donc un peu sophiste, n'est-il pas une sorte d'artiste divin ?

L'Amour selon Diotime, entre le savoir et l'ignorance, est animé d'un désir d'immortalité, qui prend au départ la forme sexuelle d'un désir d'enfantement, mais qui, purifié ou « sublimé », devient le désir de faire une œuvre d'éducation. La beauté chaque fois a pour étrange effet d'enfanter de « beaux discours » (210 *d*). Il s'agit là d'un désir proprement humain que les Immortels ne peuvent connaître, mais qui se manifeste par un dépassement du monde des sens. La dialectique du *Banquet* esquisse donc une description de la création artistique que prolongeront les néo-platoniciens et qu'on retrouvera chez Proust. On est loin de la simple *mimêsis*, en effet, quand l'écrivain Bergotte, juste avant de mourir, découvre dans « le petit pan de mur jaune » d'un tableau de Vermeer la justification de son travail d'écrivain et une exigence presque éthique, mais en apparence gratuite, une obligation qui semble appartenir à un monde « entièrement différent de celui-ci et dont nous sortons pour naître à cette terre ». Et c'est son œuvre qui assure à Bergotte, dès le jour de sa mort, une immortalité purement humaine (Proust, III, p. 187).

Chapitre II

LE PROBLÈME DE L'ESTHÉTIQUE

Le problème de l'art, qui nous semble aujourd'hui commencer avec Kant, n'est pourtant pas explicitement au centre de l'œuvre qui le formule pour la première fois. Même si l'on trouve dans la *Critique de la faculté de juger* les éléments de toute esthétique (une définition du Beau, une théorie du génie, une classification des beaux-arts), les beaux-arts ne constituent pas l'objet essentiel de cette troisième critique (1790). Tout d'abord, la première partie, qui nous intéresse seule directement (la « Critique de la faculté de juger esthétique »), est consacrée à l'exposition et à la déduction transcendantales du jugement de goût, du jugement qui pose qu'une chose est belle. Or sont beaux surtout, pour Kant, les êtres naturels (les fleurs, le chant des oiseaux, les cristaux). D'autre part, l'art désigne généralement chez Kant la « technique », conformément à la tradition qui fait d'*ars* en latin la traduction du grec *technê*. Ainsi l'œuvre d'art *(Kunstwerk)* dénomme l'artefact, le produit d'une intention, et non l'objet créé pour être beau (Kant, 1790, p. 76, n. 2). Mais il faut aller plus loin.

L'art, en effet, s'oppose à la nature dans la mesure où la production d'une « œuvre d'art » (le faire) se distingue du simple effet naturel, de l'agir, parce qu'elle suppose une liberté qui met la raison au fondement de ses actions. L'œuvre doit sa forme à une fin qui est pensée avant que cette œuvre ne soit réalisée. L'art, au sens défini par Kant, qui pourrait opposer, comme Marx plus tard, l'architecte à l'abeille, est donc réservé à l'homme. Mais il est des cas où certains êtres naturels paraissent devoir leur configuration (leur forme apparente comme leur organisation interne) à une opération de l'art. Ils manifestent une finalité qu'on ne peut rapporter à une fin consciente, pensée par un entendement, mais qui est en contradiction avec la conception strictement mécaniste de la nature qui domine la *Critique de la raison pure spéculative.*

« C'est de façon mécanique que la nature, comme simple nature, procède à l'égard de ses productions considérées comme des agrégats, mais c'est de façon technique, c'est-à-dire en même temps comme art, qu'elle procède à leur égard, si on les considère comme systèmes : ainsi les cristallisations, les figures variées ou la structure interne des végétaux et des animaux » (Kant, 1789, p. 40).

La découverte de cette finalité *(Zweckmässigkeit)* dans la nature, de cette unité systématique à l'intérieur comme à l'extérieur des êtres vivants, n'implique pas la répudiation du mécanisme de la première critique, parce que cette finalité qu'on ne peut expliquer véritablement par une fin réelle, par un projet pensé antérieurement, n'est en somme qu'une fiction. C'est ici, en effet, qu'intervient la distinction si importante entre la faculté de juger déterminante et la faculté de juger réfléchissante.

I. — Le goût comme problème

La faculté de juger en général est la faculté qui permet de rapporter le particulier à l'universel. Si l'universel (la règle, le principe, la loi) est déjà connu, le particulier n'est qu'un cas de la loi. Le jugement est *déterminant*. Le jugement réfléchissant, en revanche, ne dispose que du particulier et doit trouver l'universel. Le particulier devient l'exemple qui précède pour nous la loi et permet de la découvrir (Kant, *1789*, p. 32, *1790*, p. 27 sq.). Le jugement est alors *réfléchissant*. La faculté de juger réfléchisante ne permet donc pas d'expliquer la nature par l'application déterminante d'un concept, elle organise la connaissance que nous pouvons en avoir en supposant en elle une causalité du concept par rapport à son objet, autrement dit une technique de la nature, un art de la nature.

Cette faculté de juger réfléchissante, distincte du simple « bon sens », du jugement qui n'est que l'application des concepts *a priori* de l'entendement, pose des problèmes qui justifient aux yeux de Kant une troisième critique : cette faculté de juger particulière a-t-elle un principe *a priori* qui lui est propre, un concept par lequel aucune chose n'est connue et qui ne sert de règle qu'à elle seule ? Ce principe est-il, s'il existe, constitutif ou simplement régulateur ? Or cet « embarras » au sujet du principe qui règle cet usage particulier de la faculté de juger, se rencontre principalement dans certains jugements réfléchissants, dans les jugements esthétiques qui portent sur le beau et le sublime dans la nature et l'art (au sens restreint).

La solution que Kant trouvera dans la critique de la faculté de juger réfléchissante à l'énigme que représentent la beauté et l'organisation systématique des êtres vivants aura deux sources différentes : la première est interne, elle vient du système kantien, l'autre est d'ordre historique, c'est la question de l'esthétique au XVIIIe siècle.

Voyons tout d'abord l'influence du système.

Kant divise l'esprit en trois facultés irréductibles (*1789*, p. 76, *1790*, p. 26) : *a)* la faculté de connaître (avec l'entendement, la raison et la faculté de juger), puis *b)* une « faculté » moins spontanée, plus réceptive, le « sentiment » de plaisir et de peine, qui correspond à un accroissement ou une réduction des « forces vitales ». (Avec l' « affect » la conscience découvre l'union de l'âme et du corps.) Enfin *c)* la faculté de désirer (appelée volonté quand elle peut être déterminée par des concepts). Or chacune de ces trois facultés de l'esprit est soumise à la loi d'une des facultés de connaissance : l'entendement légifère *a priori* pour la faculté de connaissance théorique (comme l'a montré la *Critique de la raison pure spéculative*) et la raison légifère *a priori* pour la faculté de désirer *(Critique de la raison pratique)*. L'harmonie du système permet donc de supposer que la faculté de juger légifère *a priori* pour le sentiment de plaisir et de peine. La faculté de juger « comble » donc « une lacune dans le système de nos pouvoirs de connaître » et permet d'entrevoir « un système complet de toutes les facultés de l'esprit » (*1789*, p. 76). Elle rend en effet possible le passage de l'entendement à la raison, et jette donc un pont sur l'abîme qui sépare la nature et la liberté. On voit ainsi la place de l'analyse du jugement réfléchissant dans le système de Kant. En fait, comme le montre la Préface, elle achève l'œuvre critique qui « sonde le sol de l'édifice », et ouvre la voie à l'idée d'un système de philosophie pure, à une métaphysique (de la nature et des mœurs). Dans cet édifice que Kant veut construire, la critique de la faculté de juger réfléchissante, qui n'apporte pas de connaissance, n'aurait pas cependant sa place. C'est donc un échafaudage ultime : il faut, avant de construire la doctrine, connaître tous les principes indépendants de l'expérience. C'est ainsi que Kant annonce à Reinhold, dans une lettre du 28-XII-1787, la découverte d'un nouveau principe *a priori* :

« ... Quand je procède à de nouvelles recherches, je trouve mon système non seulement d'accord avec lui-même, mais encore (...) si parfois j'ai des doutes sur la méthode de recherches intéressant un nouveau sujet, il me suffit de me reporter à ce catalogue général des éléments de la connaissance et des facultés de l'âme qui y correspondent pour recevoir des éclaircissements auxquels je ne m'attendais pas. C'est ainsi que je m'applique actuellement à une Critique du goût et à l'occasion de celle-ci on découvre une nouvelle espèce de principe *a priori* » (cf. Kant, 1790, p. 7).

Il est difficile d'échapper ici à un certain vertige, puisque l'analyse de la nature comme système, et donc de l'art dans la nature, permet à Kant de construire et d'affermir son propre système, sa « métaphysique », selon un art des systèmes, une « architectonique » qui s'apparente à l'art physique de l'architecture !

En tout cas, le problème dont Kant annonce triomphalement la solution dans sa lettre à Reinhold, le problème du goût, autrement dit du jugement réfléchissant esthétique, se rattache de façon originale aux réflexions du XVIIIe siècle sur l'esthétique. Il faut donc maintenant éclaircir cette influence historique. Comment en effet situer le goût ? Au départ Kant se trouve (vers 1770) devant une alternative : il faut choisir entre l'empirique et l'*a priori*, la sensation et l'entendement, le psychologique et le rationnel pur. Or, il est clair que le jugement de goût tend à se distinguer de l'agréable pur et simple. Il veut atteindre une certaine universalité, il veut être partagé. Mais, d'un autre côté, le goût se cultive, seule une longue expérience en affine les règles, et il ne peut donc être confondu avec le jugement de l'entendement, qui est une connaissance. Tel est le problème qui se pose à Kant quand il songe à une « critique du goût », et qu'il résout avec la *Critique de la faculté de juger* : trouver pour le goût des règles qui ne soient pas empiriques, mais qui ne soient pas non plus législatrices (cf. *Logique*, p. 13). Car la critique du goût d'un honnête homme ne doit pas être une doctrine avec des canons et des prescriptions, elle ne saurait être une science *a priori*. Kant ici est bien l'héritier du XVIIIe siècle dans la mesure où il refuse cette esthétique classique que résume le titre même de l'ouvrage de Batteux : *Les Beaux-arts réduits à un même principe* (1746). Si l'on peut retrouver dans cette vision synthétique l'idéal cartésien de *mathesis universalis*, le principe lui-même (l'imitation de la belle nature, cf. Diderot, p. 406) cache mal une contradiction : « On honore la nature (...) mais on glisse dans le tableau qu'on se fait de la « belle nature » tous les traits de la convention sociale » (Cassirer, p. 291). C'est pourquoi la réflexion sur la beauté au XVIIIe siècle prend plutôt la forme d'une description de la *conscience* esthétique, de l'impression produite par l'œuvre. On cherchera donc des explications anthropologiques (« Sous le despotisme, la beauté sera celle de l'esclave », remarque Diderot dans ses *Essais sur la peinture*, p. 700), mais sans céder au relativisme pur, contre lequel Hutcheson invoquera un « sens commun ».

Or il est clair que Kant préfère cette conception anthropologique et psychologique (qu'il reprend dans ses *Observations sur le sentiment du beau et du sublime*) à toute tentative pour « soumettre le jugement critique du Beau à des principes rationnels et y élever les règles à la dignité d'une science ».

C'est la raison pour laquelle, dans une note importante de l'Esthétique transcendantale de la *Critique de la raison pure* (p. 54), il refuse de suivre Baumgarten et d'appeler « esthétique » ce que d'autres appellent la « critique du goût ». L' « excellent analyste » aurait, dans un vain effort, tenté d'établir une science du sensible sous la forme d'une esthétique. Kant préfère réserver le mot d'esthétique à l'analyse des formes *a priori* de l'intuition (l'espace et le temps) à l'œuvre dans la connaissance objective par l'entendement — un tout autre domaine.

Dans le domaine du « goût » (comme dans la théorie de la connaissance) les conceptions psychologiques des empiristes anglais représentent donc pour Kant un défi : sans transformer dogmatiquement la critique en doctrine, en science *a priori*, comment garantir malgré tout la validité universelle des jugements esthétiques réfléchis, du « goût » civilisé ? (C'est le reproche essentiel qu'il fait à l'essai de Burke *On the Sublime and the Beautiful* : l'analyse « physiologique » ne permet pas d'expliquer l'universalité du jugement de goût.)

II. — Le beau et le sublime

Le goût est la « faculté de juger le beau ». C'est un jugement. Pour l'étudier, Kant, avec un grand esprit de système, suit la table des jugements qu'il a dressée dans l'analytique transcendantale des concepts de la *Critique de la raison pure*, bien que les jugements esthétiques soient précisément irréductibles aux jugements logiques. Les quatre aspects du jugement qu'il reprend (la qualité, la quantité, la relation, la modalité) vont cependant conduire à quatre définitions complémentaires du beau.

1. La première définition est déduite de la qualité du jugement de goût ; le beau est l'objet d'une satisfaction désintéressée. Formule célèbre, mais à

vrai dire étrange. Le goût, en effet, est un jugement « esthétique ». Il s'oppose donc au jugement « logique », au jugement de connaissance, car il se rapporte à ce qu'il y a en nous de plus individuel, de plus irréductible à la connaissance : le sentiment « vital » du plaisir et de la peine. Dans le goût le sujet ne porte donc pas de jugement sur l'objet, il dit comment il est « affecté » par une représentation. Mais on découvre alors qu'il existe un plaisir pur (comme il y a une intuition pure), une satisfaction *(Wohlgefallen)* désintéressée, qui n'est pas liée à la représentation de l'existence de cette chose.

Je peux bien, à la vue d'un palais, préférer les rôtisseries, ou, à la manière de Rousseau, m'indigner de la vanité des grands, ou trouver la bâtisse mal commode. Mais, si l'on me demande si ce palais est beau, « on désire uniquement savoir si la seule représentation de l'objet est accompagnée en moi par une satisfaction, aussi indifférent que je puisse être à l'existence de l'objet de cette représentation » (1790, p. 50). Et cette satisfaction est d'emblée un plaisir pur ! Pas de sublimation.

Ainsi la beauté de l'objet est de manière définitive distinguée de ce que peuvent avoir d'agréable la jouissance et la consommation d'un objet, comme de la valeur qu'il peut avoir pour la morale. Alors que la jouissance animale est intéressée et que le bien raisonnable est « intéressant », la beauté seule procure une satisfaction libre, une *faveur* qui n'est rien moins que de l'indifférence et qui laisse au contraire l'objet « subsister librement » (Hegel) (cf. Heidegger, *Nietzsche*, I, p. 126 sq.).

2. La deuxième définition (« Est beau ce qui plaît universellement sans concept ») est une conséquence importante de la première. Dans la mesure où la satisfaction que lui donna la représentation de l'objet est « libre » de tout intérêt, celui qui juge est amené à attribuer à chacun une semblable satis-

faction. D'où le paradoxe essentiel du jugement esthétique au point de vue de sa quantité : bien que le jugement esthétique ne constitue pas une connaissance objective et ne porte que sur les rapports de la représentation et du sujet, il est cependant implicitement considéré comme valable pour tous. Par cette prétention étonnante qui fera l'objet d'une « déduction », c'est-à-dire d'une légitimation, le jugement esthétique nous révèle une universalité subjective qui sépare définitivement le beau de l'agréable. Un jugement esthétique qui relève des sens *(Sinnenurteil)* reste subjectif : « la couleur violette sera douce et aimable pour celui-ci, morte et éteinte pour celui-là ». En revanche, lorsque, dans un jugement esthétique « réfléchi », on dit qu'une chose est belle, on juge aussi pour autrui. On parle alors de la beauté comme d'une propriété des choses et l'on exige l'adhésion des autres. Cette universalité subjective, qui instaure une paradoxale communication du plaisir, est d'une importance capitale pour le dessein « transcendantal » de Kant, puisqu'elle permet d'échapper à la fois à l'empirisme (car cette universalité est une Idée, une anticipation, et non le produit de quelque sondage empirique) et au dogmatisme (puisqu'elle n'a pas son origine dans des concepts).

La contemplation désintéressée de la beauté n'est pas une connaissance (Kant rompt ici avec la tradition platonicienne). Mais elle fait jouer, pour elles-mêmes, les conditions subjectives de toute connaissance. Or, une connaissance objective se réalise par l'union de l'entendement et de l'imagination dans un concept. C'est le schématisme. Avec le jugement esthétique réfléchi l'homme découvre l'accord réciproque et intérieur de ses facultés de connaissance dans un libre jeu qui n'est pas soumis à la règle d'un concept.

3. La troisième définition découle de la considération, dans le jugement esthétique, de la relation (à une fin). La beauté, en effet, est définie comme « la forme de la finalité d'un objet, en tant qu'elle est perçue en celui-ci sans représentation d'une fin ». Cette définition de la beauté comme finalité sans fin, « formelle », nous conduit au cœur de la pensée kantienne, puisqu'elle donne le principe transcendantal du goût, et rapporte en fait la beauté à la présence dans l'objet des marques d'un art.

La finalité est une notion formée à partir de l'expérience humaine de l'art (en général). La finalité *(nexus finalis)* suppose un certain rapport entre l'effet et sa cause, une « causalité par concepts » qui s'oppose à la causalité mécanique *(nexus effectivus)* et à son principe qui veut que la cause précède nécessairement l'effet (*Critique de la raison pure*, Les analogies de l'expérience). Si un homme a construit une maison, il a eu en lui la représentation (le concept) de l'effet souhaité, de la fin qu'il pouvait réaliser et qui l'a déterminé à rassembler les pierres et à les réunir dans un ensemble organisé. La représentation de l'effet a précédé la cause (le travail de l'homme). L'ordre de la causalité naturelle et aveugle est inversé par cette prévoyance. La causalité humaine dans l'art (en général) est claire parce que la matière du produit (les pierres) reste distincte de la cause raisonnable qui a eu l'idée de la possibilité d'une maison, d'un tout organisé. Mais cette idée de finalité devient plus énigmatique quand il s'agit de comprendre les êtres vivants qui se construisent, s'entretiennent et se réparent eux-mêmes. Dans l'organisme vivant les parties, en effet, semblent produire une totalité dont le concept pourrait à son tour être considéré comme la cause de ces parties (*1790*, p. 193). Entre la finalité propre à l'art, dont nous découvrons le principe en nous-mêmes, et la causalité circulaire des êtres vivants (le jugement téléologique), la finalité formelle des belles choses occupe une position intermédiaire semblable à celle qu'occupera chez Hegel le beau idéal entre l'organisme vivant déjà indépendant et la liberté absolue de l'esprit replié sur lui-même.

La finalité qui sert de principe au goût est donc une *finalité subjective formelle* qui s'oppose à deux autres finalités. Si le jugement esthétique prenait comme principe une finalité subjective admettant une fin, il ferait dépendre la beauté de l'agréable et du plaisir que donne l'objet. Il ne pourrait prétendre à un assentiment universel. D'autre part, Kant refuse de fonder le jugement esthétique sur une finalité objective. La finalité objective, en effet, peut prendre deux formes : la finalité objective externe (l'utilité) et la finalité objective interne (la perfection). Or il ne faut pas confondre, comme Hippias jadis, la beauté et l'utilité, car l'utilité est une notion relative (à la fonction bien remplie) qui ne saurait donner une satisfaction immédiate, comme la beauté. D'autre part, si une chose est belle quand elle est parfaite, cela veut dire qu'elle est conforme à son concept, qu'elle réalise parfaitement ce qu'elle doit être. Cela suppose donc que l'on ait en sa possession le concept de sa chose. Or Kant récuse la puissante tradition (reprise par Hegel dans l'*Idée du beau*) qui fait de la beauté la perception confuse de la perfection, car pour lui le plaisir esthétique ne donne aucune connaissance de l'objet et doit demeurer ignorant. Plus proche peut-être de l'esthétique rococo du début du siècle que du néo-classicisme, Kant oppose la beauté adhérente, qui suppose un concept de ce que l'objet doit être, à la beauté libre *(pulchritudo vaga)* qui caractérise la luxuriance gratuite de la nature (les oiseaux, les fleurs) et l'habileté formelle des dessins décoratifs « à la grecque » ou des tatouages des Néo-Zélandais.

4. Si l'on considère enfin la modalité du jugement de goût, on parvient à une quatrième définition de la beauté : « Est beau ce qui est reconnu sans concept comme objet d'une satisfaction nécessaire. » La nécessité du jugement esthétique est une nécessité *exemplaire*, tous doivent adhérer à un jugement qui

apparaît comme un exemple d'une règle que l'on ne peut énoncer. Ce quatrième moment dè l'analytique du jugement de goût permet de définir en définitive le goût comme « une faculté de juger d'un objet en rapport avec la libre légalité de l'imagination » (*1790*, p. 80). Quand l'imagination, en effet, collabore avec l'entendement dans la connaissance objective, par la construction de figures géométriques par exemple, elle est liée à un concept, et donc soumise à une règle. Dans le jugement esthétique, au contraire, qui naît à la vue des jardins anglais ou de meubles baroques (*1790*, p. 82), l'entendement est au service de l'imagination. Une chose belle, par conséquent, révèle un ordre qui ne signifie rien, une organisation qui n'est conforme à aucun concept, un agencement inutile, qui contraste avec l'expérience du sublime.

Si le sublime n'était pas inconnu de l'esthétique classique (Boileau traduit en 1674 le *Traité* de Longin), c'est seulement avec l'essai de Burke (1756) que l'expérience du sublime fonde une esthétique nouvelle qui va au-delà de la définition classique du beau (l'ordre, l'harmonie, la perfection). En distinguant le simple *pleasure* du *delight*, du ravissement mêlé de quelque terreur que fait naître le spectacle de la démesure et de la puissance de la nature, Burke met en évidence les limites de l'eudémonisme et découvre un plaisir esthétique pur, « romantique », distinct de la recherche du bonheur, de la jouissance et de l'agréable. Kant va reprendre cette description, mais en substituant au point de vue anthropologique (« physiologique ») de Burke une analyse transcendantale qui rende compte de la quantité du jugement esthétique, autrement dit de sa prétention à l'universalité. Le sublime, en effet, fait naître en nous un « plaisir négatif ». Alors que le beau faisait naître un sentiment d'épanouissement de la vie, le sublime est produit par un « arrêt des forces vitales » suivi d'un « épanchement ». Si, par sa finalité formelle, la libre beauté naturelle semblait se prêter par avance à notre imagination, le spectacle sublime (l'océan en colère) semble violenter notre imagination. En fait le sublime n'est pas une qualité des êtres naturels, puisqu'il dépasse toute forme sensible, et il a sa source, au vrai, dans le suprasensible qui est en nous. Le sublime « ne concerne que les Idées de la raison qui, bien qu'aucune présentation adéquate n'en soit possible, sont néanmoins rappelées en l'esprit et ravivées de par cette inadéquation même, dont une présentation sensible est possible ». Le sublime ne représente donc pas une communication irrationnelle avec la nature puisque, bien au contraire, ce sentiment arrache l'esprit au monde physique, et lui fait découvrir son indépendance. C'est pour cela que la loi morale du devoir est sublime comme est sublime le passage de l'Ancien Testament (Exode, XX, 4) qui interdit de façonner des images de Dieu (Hegel aussi, dans l'*Art symbolique*, associe le sublime à la religion juive). La beauté de la nature nous faisait voir en elle un « art », une technique (la finalité formelle) qui permettait d'établir une analogie avec l'action humaine. Le sentiment de sublime que suscitent la grandeur (sublime mathématique) et la force (sublime dynamique) dans le spectacle de la nature, ne nous révèle rien, au contraire, concernant la nature elle-même. Il nous fait découvrir en nous une finalité rationnelle, une destination morale indépendante de la nature, et nous arrache un instant, dira Schopenhauer, à l'égoïsme illusoire du vouloir-vivre individuel (*Le Monde*, p. 258 sq.).

III. — Le génie et les beaux-arts

L'art (au sens général), nous l'avons vu, est au cœur de la définition de la beauté et du goût, puisque le jugement esthétique a pour principe la finalité formelle. Mais nous allons voir se préciser le lien qui unit l'art à la beauté dans les « beaux-arts » en analysant, non plus la contemplation des belles choses, mais leur production. L'art (au sens général de technique) s'oppose à la nature. Mais en tant que pouvoir, en tant qu'il suppose une habileté, il se distingue aussi du savoir, de la science. De la même façon que le goût échappe au savoir, la pratique ne se laisse pas réduire à la théorie. Enfin l'art est distinct du métier puisque l'art est libéral *(freie)* et le métier mercenaire. L'art est un jeu agréable, même s'il doit comporter quelque contrainte « mécanique » et quelque aspect scolaire :

la séparation entre artisan et artiste est aussi nette que la distinction entre le beau et l'utile. Mais les arts vont eux-mêmes être divisés, *grâce à l'analyse du goût*, en arts mécaniques (d'application) et en arts esthétiques (qui ont le sentiment de plaisir pour fin immédiate), et ceux-ci, à leur tour, en arts d'agrément (qui ont pour but la jouissance qui naît des sensations) et en *beaux-arts* (qui contribuent à « la culture des facultés de l'âme en vue de la communication dans la société »).

On voit tout de suite l'étrange cercle que la pensée de Kant semble suivre. L'analyse du goût empruntait essentiellement ses exemples aux beautés naturelles. Or, ces beautés naturelles révélaient une « technique » de la nature, un « art ». Maintenant la définition des beaux-arts, qui se détachent des arts d'agrément parce qu'ils ont pour critère le jugement de goût (le jugement esthétique de réflexion), semble réserver la beauté aux œuvres humaines. Mais les beaux-arts doivent posséder l'apparence de la nature, sans chercher cependant à cacher leur nature artificielle.

« La finalité dans les produits des beaux-arts, bien qu'elle soit intentionnelle, ne doit pas paraître intentionnelle ; c'est-à-dire que l'art doit avoir l'apparence de la nature, bien que l'on ait conscience qu'il s'agit d'art » (*1790*, p. 138).

Les beaux-arts sont les arts du génie. Or le génie ou esprit (l'*ingenium*, dont la notion remonte à Shaftesbury, *Cassirer*, p. 310) est un « talent », un « don naturel », une « faculté productive innée » de l'artiste. Dans la mesure en effet où les beaux-arts font partie de l'art en général, donc de la production intentionnelle, ils supposent des règles qui permettent de concevoir la possibilité de leurs produits. Mais puisqu'il s'agit d'arts du beau définis par le jugement esthétique réfléchi, ces règles ne sauraient venir de l'entendement. Ainsi « le génie est la disposition innée de l'esprit par laquelle la nature donne les règles à l'art » (*1790*, p. 138). D'où le paradoxe du génie qui doit être à la fois original (car il ne peut naître de l'apprentissage de certaines règles) et en même temps exemplaire, car ses œuvres peuvent devenir des modèles qui serviront aux autres de règle de jugement tirée *a posteriori*.

Le parallèle entre le goût nécessaire à l'appréciation des belles choses, et le génie nécessaire à leur production, est frappant. L'un et l'autre en effet se définit par le même paradoxe, celui de la quantité : de même que le goût est singulier, puisqu'il exprime le sentiment de plaisir d'un individu devant un objet individuel, et postule en même temps un assentiment universel, de même, le génie est singulier, original, et en même temps exemplaire. Si le goût, cependant, suffit pour expliquer le beau naturel, l'analyse de la beauté artistique, qui est la belle représentation d'une chose (même laide), nous fait comprendre la nécessité du génie. Par là les beaux-arts reçoivent chez Kant une importance toute nouvelle. Ils semblent se rattacher à la nature, par le génie, parce que Kant veut surtout les distinguer de toute science intellectuelle, c'est-à-dire de toute méthode préalablement connue. Dans la mesure où ce sont des arts, ils ressortissent encore à l'entendement, mais en tant qu'arts du génie, ils se caractérisent surtout par l'expression d'*Idées esthétiques*, de représentations de l'imagination qui donnent beaucoup à penser sans qu'aucune pensée déterminée puisse leur être adéquate, contrairement à l'Idée de la raison, qui est un concept auquel aucune représentation de l'imagination ne peut être adéquate. Ils peuvent ainsi être définis, de manière

« romantique », comme une forme originale de connaissance non intellectuelle, comme un pouvoir créateur de l'imagination.

La *Critique de la faculté de juger esthétique* aboutit donc à une triple émancipation :

— l'émancipation de l'amateur qui n'est guidé, dans la contemplation de la beauté, par aucun canon. Le goût, subjectif (« esthétique ») et individuel, est pur de toute science et de toute règle abstraite. Le goût se cultive sans s'apprendre ;
— l'émancipation du créateur que son génie, original et exemplaire à la fois, arrache à la condition de l'artisan qui reçoit une commande, qui l'exécute dans son atelier et qui vend un produit fini. Avec Kant surgit une conception nouvelle de l'artiste, qui correspond à une révolution historique : la division des anciens « arts mécaniques » en arts du génie, c'est-à-dire du créateur solitaire et original, qui cherchera sa liberté dans les paysages de la nature, et en arts d'application, où règnent la technique, la manufacture et bientôt la production industrielle. Désormais le statut de l'artiste moderne va devenir problématique (Hegel, Balzac, Baudelaire, Schopenhauer, Nietzsche) ;
— l'émancipation enfin de l'œuvre d'art elle-même que le goût désintéressé, libéré du désir et du besoin, laisse être dans son indépendance. L'œuvre d'art, en retour, loin d'imiter une nature déjà visible, rend visible un monde encore inconnu, comme l'indique le passage fameux de *Poésie et vérité* (II, VIII), dans lequel Gœthe découvre chez le cordonnier qui le loge, l'atmosphère des tableaux de Van Ostade qu'il vient de voir au musée de Dresde.

Mais cette triple émancipation doit se payer : la beauté est devenue subjective, elle n'a plus d'existence propre au cœur des choses. Certes, cette beauté subjective est encore chez Kant en droit universelle et communicable, mais le beau de cette façon devient inévitablement une « valeur ». Nietzsche plus tard verra là une première réduction nihiliste.

IV. — Art et volonté

Il est difficile d'évaluer la place qu'il convient d'accorder à Schopenhauer dans la philosophie de l'art. L'auteur du *Monde comme volonté et comme représentation* veut être l'héritier de Kant, mais il méconnaît la nouveauté de la pensée de Kant sur l'art, et défigure les notions qu'il lui emprunte (la satisfaction désintéressée, le génie, le sublime). Avant Hegel, dès 1819, il semble ouvrir une ère nouvelle avec un système métaphysique qui reconnaît « l'importance souvent méconnue et la haute dignité de l'art » (*Le Monde*, p. 340), et un système des beaux-arts qui accorde une place essentielle à la musique, « reproduction de la volonté » elle-même (p. 329). Mais Schopenhauer paraît surtout « platoniser » et ne célébrer l'art que pour mieux le trahir, au nom d'un ascétisme supérieur qui ne peut voir en lui qu' « une consolation provisoire » (p. 341). Son influence, enfin, fut énorme en Allemagne, surtout dans la seconde moitié du XIXe siècle (le Wotan de Wagner est un personnage schopenhauérien, qui apprend en tout cas le renoncement), mais Nietzsche, son plus brillant disciple, ne reprendra son langage que pour formuler, sur la *Naissance de la tragédie*, une pensée radicalement opposée.

Plus clairement encore que chez Kant, la question de l'art, qui surgit au livre III (« Le monde comme représentation, second point de vue »), tient sa nécessité du système dans son entier. Le livre I étudie déjà le monde comme représentation, comme « objet mis en regard d'un sujet » (p. 219), mais cette représentation est soumise au principe de raison sous ses quatre formes. A ce stade l'individu demeure prisonnier du monde des phénomènes et des relations. Dans cette Caverne platonicienne règnent l'illusion du devenir et le *principium individuationis* qui sépare les êtres dans l'espace et la succession temporelle, le « voile de Maya » dont parlent les Védas (cf. Hegel, *Art symbolique*, p. 60, 113). Mais l'homme peut se délivrer de l'illusion du multiple. L'expérience de la volonté dans son corps propre lui permet de retrouver l'essence du monde, appelée « volonté » par analogie. Cette expérience intime de la chose en soi dans son unité (comparable à celle de la durée chez Bergson) échappe au principe de raison et donc à la nécessité de la causalité. La volonté est sans raison *(grundlos)*, c'est un effort sans fin, lancinant et aveugle, qui anime la nature entière et qui se manifeste chez l'homme par le désir de se perpétuer, par cette sexualité reproductrice qui est, selon Schopenhauer, la clé de l'amour (p. 1319). Le livre II nous révèle donc que le monde a une unité parce qu'il est l' « objectité », la manifestation de la volonté, ce thème caché de toutes les variations, qui prend conscience d'elle-même en se découvrant dans cette image spéculaire. L'unité en soi de la volonté, de l'être en dehors duquel il n'y a rien, s'oppose ainsi à la double multiplicité des « émanations » (Plotin). La multiplicité des individus qui naissent et qui meurent suppose en effet une première pluralité hiérarchisée, qui est celle de leurs modèles, de leurs archétypes, des Idées au sens de Platon, qui sont ici les premiers degrés d'objectivation de la volonté. Or ces Idées inaltérables, toujours identiques à elles-mêmes, en dehors du temps et de l'espace et donc indépendantes du principe de raison (p. 220) (forces de la nature, espèces végétales et animales, caractères), vont constituer l'objet essentiel de l'art, qui apparaît alors comme un type nouveau de connaissance.

La connaissance (intuitive ou raisonnée) à l'œuvre dans la vie pratique et la science, qui est soumise au principe de raison, n'est (un peu comme l'intelligence chez Bergson) qu'un instrument au service de la vie, une *mêchanê* (p. 199) indispensable à la conservation de l'individu et à la propagation de l'espèce. Mais « chez quelques hommes la connaissance peut s'affranchir de cette servitude, rejeter ce joug et rester purement elle-même, indépendante de tout but volontaire, comme pur et clair miroir du monde ; c'est de là que procède l'art » (p. 201). Platon blâmait la peinture et la poésie d'imiter des choses singulières. Schopenhauer les sauve de cette condamnation en faisant d'elles le miroir des Idées elles-mêmes (p. 273). L'art reçoit ainsi certains caractères de la Beauté selon le *Banquet*. Il est d'abord connaissance et contemplation, *theoria*, et il ne donne naissance à une œuvre que pour communiquer cette connaissance. Cette contemplation doit en outre avoir des conséquences pratiques, dans la mesure où la connaissance des Idées représente une étape dans un processus de libération qui trouvera son terme avec le nihilisme serein qui conclut le livre IV (« Arrivant à se connaître elle-même, la volonté de vivre s'affirme, puis se nie ») : « Désormais il ne reste plus devant nous que le néant. Mais n'oublions pas que ce qui se révolte contre une pareille annihilation, c'est-à-dire notre nature, n'est autre que le vouloir-vivre » (p. 515).

Schopenhauer semble malgré tout suivre Kant quand il analyse le « plaisir esthétique » que procure la connaissance des Idées. Les deux conditions qu'il dégage, la condition subjective (« affranchir la connaissance que la volonté asservissait (...), oublier le moi individuel ») et la condition objective (« la conception intuitive de l'Idée platonicienne »), n'ont pourtant rien de kantien. On retrouve certes une « satisfaction désintéressée » (*supra*, p. 26), mais le plaisir esthétique dont parle Schopenhauer est très « intéressant », car c'est le plaisir qui naît de la cessation de la douleur. Et le vouloir-vivre est douleur. D'autre part, ce plaisir esthétique, s'il s'oppose comme chez Kant à la connaissance par concepts, constitue une connaissance objective de la nature. D'une façon générale Schopenhauer semble tout à fait méconnaître ce qui fait l'originalité radicale de la pensée kantienne : le paradoxe d'un jugement esthétique subjectif et qui pourtant prétend à l'universalité.

Cela est fort clair avec la transformation que Schopenhauer fait subir à la notion de génie. « Le génie, dit-il, consiste dans l'aptitude à s'affranchir du principe de raison, (...) à reconnaître les Idées » (p. 250). Cette aptitude, qui existe peu ou prou chez tous les hommes, demeure cependant, quand elle est développée, une anomalie (p. 1105), proche de la folie (p. 247). Mais la rareté du génie ne provient pas de la richesse d'une subjectivité créatrice. Le génie, au contraire, se définira par l'objectivité (*All beauty is truth*, disait déjà Shaftesbury, cf. Cassirer, p. 310). L'intellect affranchi de la volonté, qui caractérise le génie, contemple un autre monde que le reste des hommes prisonniers de leurs désirs. La folie du génie n'est pas le prix de son pouvoir créateur (*infra*, p. 68), mais la conséquence de sa solitude : Schopenhauer évoque à ce propos « les railleries qui accueillent dans la caverne ceux qui ont vu la lumière du soleil » (p. 246). La lucidité du génie délivré du vouloir individuel le sépare des autres hommes, et l'œuvre ne peut être, comme les réincarnations de Bouddha, qu'un signe de bienveillance. Kant, au contraire, et de manière plus profonde, définissait le génie par l'œuvre, et celle-ci, dans la mesure où elle est belle et originale, par la paradoxale unanimité qu'elle fait naître.

Mais l'on peut tout de même se demander si Schopenhauer ne pousse pas seulement à l'extrême un caractère qui est présent, et même essentiel dans la pensée de Kant. Ainsi E. Gilson reproche à Schopenhauer (comme à Bergson) de négliger l'opération « poiétique », le travail de l'œuvre, et d'imposer finalement à l'artiste lui-même le point de vue du spectateur, de l'amateur (*Peinture et réalité*, p. 184 sq.). Ce mépris de l'exécution, qui doit pourtant, selon la formule de Delacroix, « ajouter quelque chose à l'idée », explique peut-être l'influence du « schopenhauérisme » dans le culte fin-de-siècle de la jouissance esthétique, du *Kunstgenuss*, qui trouvera son idole et son temple à Bayreuth. Valéry, Alain, Rainer Maria Rilke (quand il découvrira le travail de Rodin) réagiront salutairement contre cette esthétique à la Verdurin.

Il n'en demeure pas moins que Schopenhauer définit l'art par une expérience de la nature qui est d'ordre ontologique. L'art, parce qu'il est imitation de la nature, va au-delà de l'esthétique :

« C'est la contemplation pure, c'est le ravissement de l'intuition, c'est la confusion du sujet et de l'objet, c'est l'oubli de toute individualité, c'est la suppression de cette connaissance qui obéit au principe de raison et qui ne conçoit que des relations ; c'est le moment où une seule et identique transformation fait de la chose particulière contemplée l'Idée de son espèce, et de l'individu connaissant le pur sujet d'une connaissance affranchie de la volonté » (p. 253).

L'art, en tant que représentation, contemplation par un regard pur, répond en fait à une sorte d'appel inconscient de la volonté. La beauté de la nature « trahit son désir de passer du monde de la volonté aveugle dans celui de la représentation » (p. 259). En se faisant belle dans la nature pour un regard qui lui échappe quelques instants, la volonté finit donc par commettre ce suicide qui était son secret désir. C'est la raison pour laquelle il n'y a entre le beau et le sublime qu'une différence de degré. L'objet sublime menace en effet la volonté individuelle que la beauté réduit au silence. L'imposant spectacle de la mer déchaînée, par exemple, ou ces sommets décharnés qu'on voit dans les tableaux de Caspar David Friedrich, font prendre conscience au « témoin intrépide » de la double nature de sa conscience. Il se perçoit comme individu, comme manifestation éphémère de la volonté, et il a en même temps conscience de lui-même comme sujet connaissant éternel et serein. Est joli au contraire ce qui flatte et stimule la volonté : les nus, ou les victuailles des natures mortes hollandaises (p. 268)...

La tragédie, qui est un spectacle sublime, sera donc au sommet d'une hiérarchie des arts qui est en fait calquée sur la hiérarchie des Idées dans la nature. L'architecture, l'art des fontaines et des jardins ne nous font connaître que des Idées inférieures (la pesanteur, la résistance, la croissance des êtres organiques). La sculpture et la peinture font apparaître avec les animaux et les hommes des Idées qui sont des objectivations plus manifestes de la volonté. Ainsi « la peinture d'histoire (...) a pour objet principal le caractère (...), la représentation de la volonté à son plus haut degré d'objectité » (p. 295). Mais la tragédie a le paradoxal privilège, avec la peinture d'inspiration chrétienne, de nous montrer le spectacle de l'écrasement de la volonté, de sa conversion et de son suicide. La tragédie doit en effet nous révéler « le côté terrible de la vie, les douleurs sans nom, les angoisses de l'humanité, le triomphe des méchants, le pouvoir d'un hasard qui semble nous railler, la défaite irrémédiable du juste et de l'innocent » (p. 233). Elle retrouve alors sa vraie fonction cathartique, car la pitié et la crainte qu'elle doit inspirer selon Aristote (*Poétique*, 1449 *b* 27) ne peuvent donner par elles-mêmes du plaisir. Ces passions sont des moyens au service d'une fin : l'identification avec un héros tragique, avec un être exceptionnel qui est parvenu à percer le voile de Maya de l'individualisme et de l'égoïsme, et qui parvient ainsi à la résignation. Selon cette définition, qui ne peut valoir que pour le drame moderne (Shakespeare, Calderon, Schiller), que Schopenhauer préfère d'ailleurs aux œuvres grecques, la tragédie doit donc être pour le spectateur l'école du renoncement et de la pénitence, car, comme dit Calderon dans *La Vie est un songe*, « le plus grand crime de l'homme, c'est d'être né ».

Il faut préciser pour finir, en pensant à Nietzsche, les rapports de la tragédie avec l' « esprit de la musique » et la philosophie. La musique, en effet, n'est pas comme les autres arts une copie des Idées dans lesquelles la volonté s'objective, mais une reproduction de la volonté elle-même : « elle exprime ce qu'il y a de métaphysique dans le monde physique, la chose en soi de chaque phénomène »

(p. 335). Mais cette suzeraineté métaphysique, qui jouera un grand rôle dans l'idée wagnérienne des leitmotive, peut aussi bien être une infériorité par rapport à la tragédie. La musique nous révèle immédiatement l'essence du monde, le désir, mais elle ne peut nous en délivrer. La tragédie, avec ses caractères et son action, peut au contraire devenir un argument contre la vie, et nous donner une image du renoncement : Wotan, par exemple.

Mais une image seulement. L'art à son sommet rencontre ici sa limite : il doit être dépassé, car il n'est, singulièrement, qu'une contemplation (cf. Platon, *Rép.*, 599 *b*). Il faut que l'image devienne réalité, qu'elle nous conduise à l'exercice actuel du renoncement qui seul peut mettre définitivement fin à l'empire de la volonté. Le livre IV du *Monde* nous montre en effet les deux étapes par lesquelles l'art est dépassé : la pitié, qui découvre l'unité de tous les êtres et de toutes les souffrances (découverte préfigurée par la musique), et l'ascétisme, la négation du vouloir-vivre, qui est la mise en pratique du renoncement tragique. L'homme parvient alors, au-delà de la philosophie théorique (p. 514), à la sérénité qui empreint déjà les tableaux de Raphaël, comme la *Transfiguration* dont parlera Nietzsche, ou cette *Sainte Cécile* de Bologne qui représente la patronne des musiciens abandonnant la musique profane (dont les instruments gisent à terre) pour écouter une invisible musique céleste. Mais un artiste comme Raphaël n'est pas lui-même parvenu au stade ultime de la sagesse, c'est-à-dire au nihilisme. Sans parler des tentations auxquelles une belle Fornarina peut faire succomber l'artiste, l'œuvre elle-même représente aux yeux de Schopenhauer l'ultime tentation de l'artiste, celle qui surgit lorsque sa vision, au lieu d'être mise en pratique, lui donne encore le désir d'enfanter une œuvre ! La métaphysique schopenhauérienne de l'art n'est donc pas très satisfaisante, parce qu'elle méprise l'œuvre. Mais elle est d'une importance capitale dans la mesure où la question de l'art prend avec elle sa forme moderne : *Qu'est-ce qu'un artiste ?* Et c'est peut-être chez Balzac qu'on trouverait la meilleure illustration de cette question moderne. Le sculpteur Wenceslas Steinbock par exemple *(La Cousine Bette)* pourrait être considéré comme un génie schopenhauérien que le bonheur conjugal détruit. Ne lit-on pas dans ce roman une analyse physiologique de l' « effet de la lune de miel dans les arts » ? Mais l'intuition de Balzac va plus loin, car il décrit en fait la situation sociale nouvelle de l'artiste qui, s'il n'est plus confondu avec un artisan, doit tout de même « fabriquer des objets qui puissent se vendre ». C'est le « devenir-marchandise » de l'œuvre d'art dont parlent Lukacs et W. Benjamin. Aussi Balzac voit-il dans la création artistique une manifestation de la volonté, le fruit de la patience qui seule peut rendre féconde la solitude nouvelle de l'artiste dans un monde bourgeois et l'empêcher de devenir, quand il aura perdu ses illusions, un faussaire, un faiseur ou un « rêveur » qui préfère, comme le sculpteur polonais, la « Conception et ses plaisirs » à l' « Exécution et ses travaux ». La chasteté de l'artiste véritable (Joseph Bridau, par exemple), ne révèle donc pas, comme pourrait le faire croire Schopenhauer, le dépassement résigné de l'art, mais une volonté plus concentrée, ou si l'on veut, « sublimée », au service de l'œuvre.

Chapitre III

LE DESTIN DE L'ART

« Cet ouvrage est consacré à l'esthétique, c'est-à-dire à la philosophie, à la science du beau artistique, à l'exclusion du beau naturel » (*Int.*, p. 19). La première phrase des monumentales *Leçons sur l'esthétique* de Hegel proclame la rupture avec Kant, pour qui (*1790*, § 60) « il n'y a et il ne peut y avoir aucune science du beau ». Au mépris de l'étymologie, l'esthétique (qui était chez Baumgarten comme chez Kant la science, possible ou impossible, du sensible) devient chez Hegel la philosophie du beau, et le beau n'est plus un jugement d'origine subjective, mais une Idée qui existe dans la réalité, dans des œuvres d'art réelles et historiques. « Nous n'avons tout d'abord devant nous qu'une seule représentation, à savoir qu'il y a des œuvres d'art » (*Int.*, p. 19).

Hegel reconnaît pourtant à Kant le mérite d'avoir envisagé l'art, pour la première fois, d'un point de vue philosophique ; ce réveil est lié au réveil de la philosophie en général, qui a seul permis de donner sa vraie dignité à l'art. Kant, en effet, a montré que l'art avait une fonction de réconciliation, qu'il faisait espérer une harmonie entre l'esprit et la nature. Kant le premier a essayé de dépasser l'opposition entre la généralité abstraite et le particulier, entre la pensée et la réalité. Mais Kant en reste à un point de vue subjectif. Cette conciliation est l'œuvre énigmatique des facultés du sujet, alors qu'elle est conforme, selon Hegel, à la réalité et à la vérité, qu'elle est déjà réalisée, en soi.

L'art et le beau vont donc échapper aux limites du jugement subjectif et du « génie ». Ils auront une mission qui dépasse, de loin, le jugement conscient d'un sujet individuel, puisque « l'art est une forme particulière sous laquelle l'esprit se manifeste ». Or, l'esprit chez Hegel, comme le montre la *Phénoménologie de l'esprit*, n'est pas limité à un sujet individuel. C'est au contraire la communauté des hommes qui prend conscience d'elle-même dans l'Histoire. L'art sera donc, avec la religion et la philosophie, une des manifestations de l'esprit. Et le beau sera la manifestation sensible, dans une œuvre d'art historique, de cet esprit *(Geist)*.

I. — L'imitation de la nature

Mais, conséquence de cette définition, le beau naturel est en dehors du domaine de l'esthétique. Chez Kant, on s'en souvient, la beauté de la nature jouait au contraire un rôle essentiel. La luxuriance de la forêt tropicale, la beauté des fleurs sauvages et du chant des oiseaux donnaient à l'esprit une occasion d'éprouver l'accord de l'imagination et de l'entendement, dans une contemplation de la nature qui n'était pas, mystérieusement, une connaissance par concepts. Hegel répudie au contraire le beau naturel. « Le beau artistique est supérieur au beau naturel, parce qu'il est un produit de l'esprit » (*Int.*, p. 10). Or l'esprit est supérieur à la nature. Il y a certes un beau naturel dans l'être vivant, car, « en tant qu'idée sensible et objective, la vie qui anime la nature est belle » (*Idée du beau*, p. 59).

La vie, en effet, réalise une réconciliation, dans l'organisme, entre les différences réelles (les membres) et l'unité idéelle et cachée du tout. L'organisme vivant est donc beau, puisque le beau est une « Idée », au sens de Hegel, autrement dit « l'unité immédiate d'un concept et de sa réalité, pour autant que cette unité se présente dans sa manifestation réelle et sensible ». Mais la beauté d'un organisme à la fois un et divers est une beauté pour nous. Elle n'est pas en soi et pour soi.

Si le beau naturel est inférieur au beau artistique, autrement dit au produit de l'esprit, l'art ne saurait être une imitation de la nature. Le vieux précepte emprunté à Aristote (et dont le vrai sens a été d'ailleurs oublié) suppose en effet que la reproduction habile et conforme des objets naturels est une source de plaisir. Mais à quoi bon cette reproduction superflue et toujours inadéquate ? L'homme, quand il imite la nature (car, malgré tout, l'homme n'a cessé de peindre et de façonner des œuvres ressemblantes, depuis les origines de l'art) veut s'éprouver lui-même et montrer son habileté. L'homme se réjouit avant tout d'avoir créé un artifice, il est heureux de se retrouver dans son œuvre et d'égaler ainsi le Créateur, tout en célébrant sa création, comme les primitifs flamands du XVe siècle. Mais en fait cette habileté dans l'artifice engendre rapidement l'ennui et l'homme éprouve plus de joie à produire un outil technique original (le réalisme minutieux des Van Eyck n'est-il pas lié surtout à l'invention d'une technique nouvelle, la peinture à l'huile ?) (Cf. Passeron, p. 239 ; Huygue, p. 253.)

« Tout outil technique, un navire par exemple, ou plus particulièrement un instrument scientifique, doit lui procurer plus de joie, parce que c'est sa propre œuvre et non une imitation. Le plus mauvais outil technique a plus de valeur à ses yeux ; il peut être fier d'avoir inventé le marteau, le clou, parce que ce sont des inventions originales et non imitées. L'homme montre mieux son habileté dans les productions surgissant de l'esprit qu'en imitant la nature » (*Int.*, p. 46).

La critique de l'imitation de la nature est le point de départ nécessaire de la philosophie de l'art. Car elle permet de voir que l'art tire essentiellement sa valeur de son origine humaine, du fait qu'il est un produit de l'esprit. Et l'esprit doit s'arracher à la nature, la nier, avant d'y découvrir son reflet. L'art, en ce sens, est une des voies par lesquelles l'homme, en tant qu'esprit, se sépare de la nature. Et ce n'est pas un hasard si l'imitation réaliste du monde objectif, à la fois de la nature et du monde de la culture, se retrouve à la fin de l'art, lorsque ce que Hegel appelle l' « art romantique » se dissout (*Art romantique*, p. 131). La *peinture hollandaise*, à laquelle Hegel consacre l'une des plus belles pages de l'*Esthétique*, ne présente-t-elle pas la description réaliste de l'existence la plus prosaïque, la moins « idéale » qui soit ? Mais là encore, il ne faut pas être abusé par la ressemblance objective et le contenu trivial. Hegel retrouve au contraire dans cette grande peinture la joie que les Hollandais puisaient dans la vie même, dans ses manifestations les plus ordinaires et les moins importantes. Et cette joie ne vient-elle pas de l'obligation dans laquelle ils se sont trouvés de conquérir, au prix de luttes très dures et d'efforts pénibles, ce que la nature offre à d'autres peuples sans luttes ni efforts : la terre des polders gagnée sur la mer, l'indépendance religieuse et politique d'une République protestante, la victoire sur le despotisme espagnol ? De même, les peintres attachent une grande importance à la reproduction des reflets et des apparences les plus fugitives (le scintillement du métal, l'éclat d'un tissu, des nuages, le geste d'une jeune fille), parce que l'illusion réaliste prouve l' « habileté subjective » et célèbre en fait « le triomphe de l'art sur le côté caduc et périssable de la vie et de la nature ». La peinture hollandaise, si réaliste et prosaïque, est en réalité le trophée de deux victoires dont l'une, celle de tout un peuple sur la nature et dans l'histoire, est une éclatante manifestation de l'esprit au sens de Hegel.

II. — L'esthétique et le destin de l'art

Le beau est donc le produit de l'esprit et le beau naturel (de l'organisme vivant) est en fait une extériorisation confuse de l'esprit. Le beau peut dès lors faire l'objet d'une science. Hegel justifie ainsi son entreprise contre ceux qui, soulignant le caractère intuitif, affectif, irrationnel, de l'expérience esthétique, voudraient opposer l'art à la philosophie et au concept. Or, l'art peut faire l'objet d'une science (œuvre de l'esprit) parce qu'il est lui aussi l'œuvre de l'esprit qui prend conscience de lui-même. Mais il s'agit ici d'une science particulière. Il faut en effet se garder de soumettre le beau et la création aux règles *a priori* de l'entendement. Hegel veut au contraire montrer *a posteriori* la nécessité rationnelle de l'art en le situant dans le système de l'esprit, dans l'encyclopédie. L'esthétique, autrement dit la philosophie de l'art, est une science particulière qui doit partir de présuppositions dont la nécessité ne peut être prouvée et démontrée que par l'ensemble du système. « La philosophie de l'art forme un anneau nécessaire dans l'ensemble de la philosophie » (*Int.*, p. 17). La philosophie de l'art n'est donc qu'un cercle particulier dans la totalité organique de la philosophie dans son ensemble. Dès lors, le concept véritablement scientifique (systématique) du beau n'est pas donné au départ, devant nous. C'est pourquoi Hegel part des représentations courantes concernant l'art et le beau avant de parvenir à une idée générale du beau *(Idée du beau)* qui, par un mouvement de détermination interne (*Int.*, p. 26), va devenir de plus en plus précise : l'idée du beau (artistique) se développera en trois catégories d'art (arts symbolique, classique et romantique) qui se préciseront elles-mêmes en un système plus concret encore, celui des différents arts : architecture, sculpture, peinture, musique, poésie. Par une rencontre typiquement hégélienne l'idée du beau, en déployant ses déterminations internes, nous met en présence d'une histoire de l'art intimement liée à une histoire des religions. La nécessité philosophique de l'art (qui tient à la place du beau artistique dans le système de l'esprit) apparaît concrètement dans le temps comme une nécessaire évolution historique. Hegel, qui fait d'ailleurs l'éloge de la connaissance historique des différents arts (*Int.*, p. 86), a donc une conscience aiguë de la dimension historique de l'art (ce qui n'était pas, semble-t-il, le cas de Kant). En ce sens ces *Leçons* apparaissent comme une sorte de Musée imaginaire philosophique, qui, comme celui que Malraux verra naître de la reproduction photographique, permet à l'art de prendre conscience de lui-même par le rapprochement systématique des œuvres multiples, mais qui semble par là même rédiger le testament d'une activité vouée à disparaître.

« L'art, conformément à son concept, a pour seule mission de rendre présent d'une façon concrète ce qui possède un contenu riche, et la tâche principale de la philosophie de l'art consiste à appréhender par la pensée l'essence et la nature de ce qui possède ce contenu et de son expression en beauté » (*Art romantique*, p. 155).

L'esthétique comme philosophie du beau artistique sera donc une science mélancolique. L'art peut être soumis au concept et faire aujourd'hui l'objet d'un savoir parce qu'il est historiquement à l'agonie. Hegel constate en effet que la culture moderne est étrangère à l'art véritable (*Int.*, p. 33). L'art n'a plus pour nous la haute destination qu'il avait autrefois. Il est devenu un objet de représentation et de réflexion, et il n'a plus cette immédiateté et cette plénitude vitale qu'il avait à l'époque de sa grandeur, chez les Grecs. Hegel, dans une analyse qui préfigure et probablement dépasse ce que Marx dira sur ce sujet dans l'*Introduction à la critique de l'économie politique*, montre que la culture moderne, bourgeoise, est tout entière dominée par l'abstraction de la règle générale et de la loi : d'un côté, les individus avec leurs passions et leurs fins particulières, de l'autre, le devoir, le droit, la loi, universelle mais abstraite. Cette culture prosaïque et juridique est étrangère à l'art en soi, dans son essence, et c'est elle qui met fin, en fait, à l'art, lorsque l'art romantique se dissout. Don Quichotte, héros « romanesque », est acculé à la folie quand son esprit chevaleresque doit, dans sa quête des aventures, affronter les réalités rigides de la vie sociale moderne. Le chevalier errant qui veut défendre la veuve et l'orphelin, n'a pas sa place dans la société bourgeoise car « ce sont maintenant la police, les tribunaux, l'armée, le gouvernement qui ont pris la place des buts chimériques poursuivis par les chevaliers » (*Art romantique*, p. 125).

En fait, Hegel donne une seconde explication à la mort de l'art et à la nécessité d'une philosophie de l'art, qu'il n'est pas facile de concilier avec la première. L'art, en effet, meurt aussi d'une insuffisance interne : « L'œuvre d'art (...) est incapable de satisfaire notre ultime besoin d'absolu. » L'art opère en effet sur une matière sensible. Or, l'idée de liberté, grâce à la spiritualité chrétienne, a maintenant une signification plus profonde, qui ne se prête plus à l'expression sensible. C'est pour cela que « dans la hiérarchie des moyens servant à exprimer l'absolu, la religion et la culture issue de la raison occupent le degré le plus élevé, bien supérieur à celui de l'art ».

En tout cas, la situation décrite à la fin de l'*Art romantique* est une situation mauvaise, un état de séparation qui ne peut satisfaire la raison : d'un côté la réalité prosaïque d'un monde livré au hasard, d'où toute providence divine a fui (le « fatalisme » de Diderot), de l'autre l'humour de la subjectivité infinie qui se prend elle-même pour contenu (la dérision du *Tristam Shandy* de Sterne).

Si l'art est un produit de l'esprit, ou plus exactement l'une des formes sous lesquelles l'esprit se manifeste, il est clair que l'œuvre d'art n'a pas pour but de décrire une réalité déjà donnée, finie et donc imparfaite, ni de procurer du plaisir à celui qui la contemple. L'art sera, dans le langage de Hegel, un intérieur qui cherche à s'extérioriser, un contenu qui cherche une forme, un sens qui veut se rendre sensible (*Idée du beau*, p. 67), une substance « complaisante » (*Architecture*, p. 13) qui se manifeste. Platon condamnait l'art parce qu'il était un mensonge et une apparence, mais la vérité peut-elle se passer de l'apparence ? « N'oublions pas que toute essence, toute vérité, pour ne pas rester abstraction pure, doit *apparaître* » (*Int.*, p. 37). Première incarnation de l'esprit, l'art se confond donc par son contenu avec la religion, et la partie centrale de l'*Esthétique* (les trois formes d'art) peut être lue comme une histoire des religions qui explique plus clairement le destin de l'art.

Ainsi la religion grecque, qui est le contenu de l'art classique, n'est pas dissociable de l'art grec qui en est la manifestation. Hérodote disait, dans une formule que Hegel cite souvent, que ce sont Homère et Hésiode qui ont donné leurs dieux aux Grecs. De fait, le panthéon grec n'existe que par les statues que les artistes créèrent par un libre travail de transformation. L'homme adore ce que sa main a façonné : le paradoxe de l'idolâtrie dénoncée par les prophètes de la Bible devient la plus haute réalisation du génie « poétique », autrement dit créateur, du peuple grec.

Le problème essentiel devient alors : comment passe-t-on d'une religion dont le contenu est indissociable de la représentation artistique à un art « romantique » dont le contenu, la religion chrétienne, est révélé indépendamment de l'art ? Les dieux grecs étaient des dieux représentés de pierre ou d'airain. Le nouveau dieu sera un dieu réel, de chair et de sang, participant réellement de l'esprit. Est-ce un retour à la condamnation platonicienne ? L'art, domaine de la représentation, est-il la forme inadéquate de la vérité religieuse ? Subjectivement, en effet, l'art romantique paraît superflu. La foi chrétienne se suffit à elle-même, elle trouve en elle-même la preuve de sa vérité. Pour la conscience de la vérité, la beauté de l'expression et de la représentation extérieure est une chose secondaire. Mais si l'on considère le contenu de la religion chrétienne, on voit au contraire que le dogme de l'Incarnation, Dieu qui se soumet à la condition humaine, qui souffre et qui meurt, confère au contraire à l'art et à la représentation sensible une nécessité nouvelle. La religion chrétienne, comparée à la religion des Grecs, qui avait pourtant dégagé le divin de l'animalité, apparaît comme anthropomorphique à l'extrême. Le divin se manifeste sous la forme (nécessairement artistique, fabriquée, non naturelle) d'une individualité affligée qui souffre et qui meurt. Mieux encore, seul l'art peut donner une permanence à la brève manifestation de Dieu dans l'histoire. L'art est donc nécessaire à la religion chrétienne (qui lui dicte en partie son iconographie), et la fin de l'art dans notre monde prosaïque signifie aussi que la religion chrétienne est elle-même dépassée et que l'Absolu dont parle Hegel n'est plus tout à fait le Dieu des chrétiens.

III. — L'idée du beau

Hegel reconnaît avec Platon la nécessité de partir de l'idée du beau et, de fait, l'histoire des formes d'art, comme le système des beaux-arts, ne font que déployer ce qui est contenu dans cette idée du beau. Mais cette idée ne nous est pas donnée d'emblée. Il faut une introduction qui y conduise par la critique des représentations communes et l'examen des œuvres d'art. Mais cette critique et cet examen supposent eux-mêmes une certaine idée du beau qui les conduise, selon un cercle qui surgit au début de toutes les sciences de l'esprit. D'où l'importance de Kant qui, malgré son interprétation trop subjective, a mis en évidence l'essence du beau : la réconciliation de l'esprit et de la nature.

Qu'est-ce que le beau ? Une idée. Mais qu'est-ce qu'une idée ? L'idée n'est pas une représentation abstraite, c'est l'unité d'un concept et de la réalité. Le concept est l'âme et la réalité l'enveloppe physique. Ainsi le gland est un concept et le chêne est la réalité effective née de ce concept. Le germe est en soi, en puissance, tandis que l'arbre se déploie en acte, à l'extérieur. Mais en outre le beau sera la manifestation sensible de cette unité. La beauté n'est donc plus un simple prédicat dans le jugement que l'homme porte sur les choses, mais la manifestation d'une réconciliation. Le beau échappe ainsi à l'entendement qui sépare et analyse, comme à la volonté et aux intérêts d'un sujet individuel qui veut soumettre l'objet à ses fins égoïstes.

« L'objet beau laisse apparaître, dans ce qu'il est et tel qu'il est, son propre concept comme réalité et se présente ainsi dans toute son unité vivante et subjective. » « C'est pourquoi la contemplation du beau est un acte libéral, une appréciation des objets comme étant libres et infinis en soi, en dehors de tout désir de les posséder et de les utiliser en vue de besoins et d'intentions finis » (*Idée du beau*, p. 45 sq.).

Un objet, un être, une action sont beaux quand ils sont libres, indépendants, infinis, autrement dit quand ils sont conformes à la seule nécessité de leur concept. Un bel objet est vrai parce qu'il est ce qu'il doit être. Ainsi l'organisme vivant peut être beau, mais imparfaitement, car la vie animale est une vie de besoin, sans intériorité consciente, donc sans vraie liberté. De même l'individu soumis aux nécessités extérieures de la vie quotidienne n'est pas beau car sa vie est conditionnée, bornée et dépendante. La vraie beauté se trouvera donc dans le beau artistique, c'est-à-dire l'*idéal*, la libre individualité des héros et des dieux. Ici la frontière entre la réalité et la fiction s'estompe, dans la mesure un personnage de tragédie, ou Don Quichotte ont presque autant de réalité que tel grand homme de l'histoire « réelle », car l'œuvre d'art est, comme l'œuvre historique, une création de l'esprit.

L'individualité belle et vivante de l'idéal est

soustraite à la dispersion de la vie quotidienne inauthentique. En ce sens elle est morte à la vie :

« Le pays des ombres est celui de l'idéal, celui des esprits, morts à la vie dans l'immédiat, affranchis des médiocres besoins dont est faite l'existence naturelle, libérés des liens qui les maintenaient sous la dépendance des influences extérieures et de toutes les perversions et déformations inséparables de la finitude du monde des phénomènes » (*Idée du beau*, p. 111).

Cette description de la belle individualité (qui est par excellence celle du héros tragique grec), avec cette sérénité « substantielle » qui est le triomphe de la liberté repliée sur elle-même en même temps que la négation de toute particularité, nous conduit très près de la *Naissance de la tragédie*. La belle individualité apollinienne n'est-elle pas déjà une sérénité conquise par et sur la douleur ?

« L'homme terrassé par le destin peut perdre sa vie, mais non sa liberté. C'est cette confiance en soi-même qui permet jusque dans la douleur de garder et faire preuve de calme et de sérénité » (*Idée du beau*, p. 113).

Mais Nietzsche choisira Dionysos. En tout cas, cette liberté interne, qui s'épanouit en sérénité, est liée historiquement à un âge qui ignore l'Etat, sa loi et sa justice. L'époque moderne est peu favorable au beau artistique, que l'on ne trouve que dans les libres individualités de l'âge héroïque, chez Homère et les tragiques, ou dans les périodes de troubles civils, lorsque l'effondrement ou la trop grande jeunesse de l'Etat obligent l'individu à ne compter que sur lui-même pour défendre sa vie et ses biens (Shakespeare).

La vertu *(arêtê)* des Grecs est, en effet, la qualité d'individus qui acceptent toute la responsabilité des actes qu'ils accomplissent. L'individu porte en lui-même sa propre loi, il réalise l'union de la loi morale, de la justice et de ses propres penchants. La justice, la loi morale que le héros défend (Antigone comme Créon), est d'abord un sentiment, une passion du caractère tout entier *(pathos)*. Le héros n'est pas divisé, partagé, comme l'homme vertueux chez Kant, entre l'universalité du devoir et ses passions individuelles. « A l'âge héroïque l'individu constitue l'incarnation de la totalité du droit, de la morale et de la légalité » (*Idée du beau*, p. 169). La beauté artistique (l'idéal) n'est donc pas intemporelle et n'est pas liée des œuvres d'art particulières. C'est au contraire une époque historique, un moment de l'esprit, qui se retrouve dans des œuvres d'art. La création de belles œuvres d'art, et donc de belles individualités, est d'abord une affaire éthique et correspond à un moment dépassé de la conscience de soi de l'esprit.

Répondant par avance à l'étonnement de Marx devant la permanence de l'art grec, Hegel montre que l'état de civilisation qui se prête le mieux à la représentation de l'idéal, donc à la beauté, est l'état intermédiaire entre la frugalité rousseauiste de l'idylle et l'état de civilisation généralisée où les « multiples rapports entre les besoins et le travail, entre les intérêts et leurs satisfactions présentent un enchevêtrement tel que chaque individu se trouve privé de son indépendance et engagé dans d'innombrables rapports de dépendance à l'égard des autres » (*Idée du beau*, p. 282). A l'âge héroïque, au contraire, les hommes créent les objets qui les entourent, fabriquent les outils et les armes dont ils se servent (Ulysse a fabriqué son lit nuptial).

« Nous assistons pour ainsi dire à la naissance vivante de ces moyens, ainsi qu'à la manifestation vivante du sentiment de la valeur que l'homme leur attribue, puisqu'il y voit non des choses mortes, rendues inertes à ses yeux du fait de l'accoutumance, mais ses propres et plus directes émanations » (*Idée du beau*, p. 285). Hegel retrouve cet âge héroïque et idéal dans *Hermann et Dorothée*, l'épopée révolutionnaire de Gœthe, mais ce pourrait être aussi celui des films sur l'Ouest américain... (Cf. *La Poésie*, p. 166.) La beauté, cependant, apparaît surtout comme l'expérience des Grecs, l'expérience historique de tout un peuple :

« Car aux belles époques de la civilisation grecque les personnages agissants, les hommes d'action, avaient, tout comme les poètes et les penseurs, ce caractère plastique, à la fois général et individuel, sans aucune discordance entre l'intérieur et l'extérieur. » Les grands hommes de la Grèce « sont tous des natures éminemment artistiques, des artistes idéaux d'eux-mêmes, des individus d'une seule coulée, des œuvres d'art qui se dressent comme des images divines immortelles, n'ayant rien de temporel et de périssable » (*Sculpture*, p. 171 sq.). N'est-ce pas cette image de la Grèce que l'on retrouve chez Nietzsche et Heidegger ?

L'art *classique* de la religion grecque, qui a su équilibrer le contenu (l'idée de liberté) et la forme (la matière sensible dans laquelle cette idée se manifeste), est donc déjà dépassé par l'art *romantique*, caractérisé au contraire par une tension nouvelle entre la forme et le contenu qu'illustre la cathédrale gothique, à l'intérieur de laquelle la lumière transfigurée des vitraux rappelle que « ce dont l'homme a besoin ici ne peut lui être donné par la nature : il ne peut le trouver que dans un monde qui n'existe qu'en lui et pour lui » (*Architecture*, p. 119). Mais l'art classique est lui-même le fruit d'une lente évolution au sein des arts de l'Orient, qui constituent ce que Hegel appelle l'art *symbolique*. L'art égyptien, en particulier, a une importance capitale puisque avec lui apparaissent le « besoin d'art » et l'idée d'individualité spirituelle.

L'Egypte, en effet, avec ses grandioses monuments funéraires, fait entrer le négatif, la mort comme négation de l'existence naturelle, dans la conscience que les hommes ont de l'absolu. Ainsi l'esprit comme liberté commence à affirmer son indépendance et à se déchiffrer. D'où ce « besoin d'art », ce besoin de réconciliation, qui ne peut naître que lorsque l'esprit se sépare des formes naturelles.

« Les Egyptiens sont le peuple artistique par excellence. Mais leurs œuvres d'art restent mystérieuses et muettes, sans écho et immobiles, car l'esprit n'y a pas encore trouvé son incarnation véritable et ne connaît pas encore la langue claire et nette de l'esprit. Ce qui caractérise l'Egypte, c'est ce besoin insatisfait, mais qu'elle cherche à assouvir en silence » (*Art symbolique*, p. 94).

L'esprit commence en effet à découvrir qu'il est intériorité individuelle : les Egyptiens ne furent-ils pas les premiers, selon Hérodote, à enseigner que l'âme de l'homme est immortelle ? Mais s'il est libéré de la vie naturelle, l'esprit n'est pas encore libre et vivant lui-même, comme dans le christianisme. L'indépendance de l'esprit humain est encore négative, comme le montrent la pratique de l'embaumement et la croyance en un voyage de l'âme au royaume des morts et en un tribunal de l'au-delà présidé par Osiris. La forme symbolique par excellence de ce commencement de l'art est l'architecture, indépendante de toute fin utilitaire, des hypogées et des pyramides, ces « immenses cristaux, ces formes extérieures créées par l'art, qui abritent quelque chose d'intérieur ». La pierre inerte assemblée selon des rapports géométriques et numériques est une allusion à l'esprit, mort lui-même à la vie organique, sans en être une expression adéquate, conformément à la définition du symbole. Par leur symbolisme mystérieux, « hiéroglyphique », les œuvres d'art égyptiennes sont donc des énigmes. On comprend ainsi la présence obsédante dans l'art égyptien du Sphinx, qui est le symbole du symbolisme. Devant ces animaux couchés à visage humain on a le sentiment que, par eux et en eux, l'esprit tente de se dégager de l'animalité obtuse sans réussir à conquérir sa liberté (comme le rappelle la zoolâtrie). Il appartiendra aux Grecs de résoudre, avec Œdipe, l'énigme du Sphinx, dans la clarté de l'esprit qui se connaît lui-même et dans l'adéquation provisoire de la forme.

CHAPITRE IV

L'IMAGINATION

Le *Journal* de Delacroix et les *Curiosités esthétiques* de Baudelaire ont, dans la philosophie de l'art après Hegel, une importance qu'il est difficile d'exagérer. D'une part, le peintre et le poète ouvrent une tradition qui va de Signac (*D'Eugène Delacroix au néo-impressionnisme)*, Gauguin et Van Gogh (les lettres à son frère Théo), à Klee *(Das bildnerische Denken)* et Kandinsky *(Du spirituel dans l'art)*. Ce sont des écrits de peintres qui ne se contentent pas d'écrire un « traité de la peinture » strictement technique. Hegel avait constaté que l'art comme expression de l'absolu était une forme historiquement dépassée. Par cette condamnation, plus subtile que celle de Platon, il posait dans toute son acuité le problème de l'art (et donc de la place de l'artiste) dans la société moderne, prosaïque et bourgeoise. Hegel prenait très bien son parti, en philosophe, de ce déclin de l'art. Mais il ne faut pas s'étonner de voir les artistes eux-mêmes s'interroger philosophiquement sur le sens de leur travail et lui chercher une justification que la société et le « savoir absolu » lui refusent. D'autre part, Baudelaire et Delacroix formulent avec une grande clarté une esthétique nouvelle, à laquelle Freud, par exemple, n'a peut-être pas échappé, et qui voit dans l'œuvre d'art, non plus l'imitation d'une belle nature, mais l'expression d'une émotion individuelle, d'un sentiment, d'une « impression », ou la traduction silencieuse de l'imaginaire. Il s'agit donc d'une double libération de l'artiste comme individu, qui pense et qui peint pour lui-même, ce que Malraux, qui perçoit cette libération surtout chez Manet et Van Gogh, résumera dans cette formule : « A la représentation du monde succède son annexion » (*Les Voix du silence*, p. 117).

I. — La reine des facultés

Delacroix qui, grâce au *De l'Allemagne* de Mme de Staël, n'ignore pas la pensée kantienne, oppose volontiers l'idéalisme au réalisme. A ses yeux l'art réaliste (ou « positif ») est une imitation servile de la réalité tandis que l'art idéaliste est une invention de l'imagination, cette « reine des facultés » dont parle Baudelaire. Citons un passage capital du *Journal*, une note pour le *Dictionnaire des beaux-arts* auquel Delacroix travaille en 1857 :

« *Imagination.* — Elle est la première qualité de l'artiste. Elle n'est pas moins nécessaire à l'amateur. Je ne conçois pas l'homme dénué d'imagination et qui achète des tableaux (...). Non seulement ils n'ont pas cette imagination ardente ou pénétrante qui leur peint avec vivacité les objets, qui les introduit dans leurs causes mêmes, mais ils n'ont pas davantage la compréhension nette des ouvrages où cette imagination domine. Que les partisans de l'axiome des sensualistes, que *nil est in intellectu quod non fuerit prius in sensu*, prétendent en conséquence de ce principe que l'imagination n'est qu'une espèce de souvenir, il faudra bien qu'ils accordent que tous les hommes ont la sensation et la mémoire et que très peu ont l'imagination, qu'on prétend se composer de ces deux éléments. L'imagination chez l'artiste ne représente pas seulement tels ou tels objets, elle les combine pour la fin qu'il veut obtenir ; elle fait des tableaux, des images qu'il compose à son gré. Où est donc l'expérience acquise qui peut donner cette faculté de composition ? » (*Journal*, 25 janvier 1857).

Loin de copier un modèle naturel ou idéal, l'artiste selon Delacroix dépasse, en effet, la nature : « Imaginer une composition, c'est combiner les éléments qu'on connaît, qu'on a vus, avec d'autres qui tiennent à l'intérieur même, à l'âme de l'artiste » (*Œuvres littéraires*, Réalisme et idéalisme, p. 58). L'imagination dont parle le peintre est une imagination créatrice (donc poétique, selon l'étymologie), à la fois analytique et synthétique (Baudelaire, *Salon* de 1859), qui décompose chaque chose en éléments qu'elle dispose selon des règles dont on ne peut trouver l'origine que « dans le plus profond de l'âme » (la « nécessité intérieure » de Kandinsky). La nature n'est donc plus qu'un « dictionnaire ». L'art de l'imagination consiste à découvrir dans ce dictionnaire une composition originale, des analogies et des métaphores, ces « rapports intimes et secrets des choses » que Baudelaire appelle des « correspondances » (*Notes nouvelles sur Edgar Poe*, p. 630). Baudelaire éclaire le rôle que Delacroix donne à l'imagination en reprenant la distinction d'Edgar Poe (qui vient en fait de Coleridge) entre la simple *fancy* et la *constructive imagination*, cette faculté supérieure, créatrice, par laquelle l'homme retrouve la puissance du créateur (*Salon* de 1859). Mais il est possible de rattacher cette conception à la critique hégélienne de l'imitation de la nature, comme le montre cette phrase de Heine citée par Baudelaire pour le *Salon* de 1846 :

« En fait d'art je suis surnaturaliste. Je crois que l'artiste ne peut trouver dans la nature tous ses types, mais que les plus remarquables lui sont révélés dans son âme, comme la symbolique innée d'idées innées. »

Le tableau « surnaturaliste » sera donc la traduction de l'âme dans un langage symbolique.

Or — par un miracle que Kant avait pressenti dans l'universalité subjective du jugement esthétique — cette traduction n'est pas limitée, comme celle du rêve, à un spectateur individuel. L'hallucination devient au contraire expression : « Dans la peinture il s'établit un pont mystérieux entre l'âme des personnages et celle des spectateurs » (*Journal*, 8 octobre 1822). Et Baudelaire note, pour définir cette esthétique « moderne » de l'émotion transmise : Delacroix est un peintre « suggestif » (p. 424), ce qu'il traduit « c'est l'invisible, l'impalpable, c'est le rêve, c'est les nerfs, c'est l'âme ». L'esthétique devient une psychologie, et même, selon la formule de Nietzsche, une « physiologie » des nerfs ultrasensibles (Baudelaire, p. 240).

II. — La découverte de la couleur

La couleur est l'instrument privilégié de cette expression capable d'éveiller certaines émotions chez quelques spectateurs. La palette de Delacroix, si attentivement établie, donne, plus que le dessin, une « permanence » à l'intention de l'artiste :

> « Comme un rêve est placé dans une atmosphère qui lui est propre, de même une conception, devenue composition, a besoin de se mouvoir dans un milieu coloré qui lui soit particulier » (Baudelaire, p. 327).

Baudelaire a souligné en particulier l'importance du contraste entre le rouge et le vert dans l'harmonie chromatique des tableaux de Delacroix. Il s'agit là d'une innovation technique qui conduira, selon Signac, à la méthode néo-impressionniste : le vert est composé de jaune et de bleu et a donc pour complémentaire la troisième couleur fondamentale, selon la loi du contraste simultané de Chevreul (1839). Mais cette complémentarité que

Baudelaire a retrouvée dans les portraits d'Indiens de Catlin (*Salon* de 1846) traduit surtout un paysage mental que les *Phares* évoquent assez bien :

« Delacroix, lac de sang, hanté de mauvais anges,
Ombragé par un bois de sapins toujours vert... »

Mais, par un paradoxe qu'on retrouve chez Klee et Kandinsky, le tableau, du fait même qu'il cesse d'imiter la nature pour exprimer une « nécessité intérieure », acquiert une certaine autonomie, devient avant tout une surface colorée (certaines remarques de Gauguin confirment cette idée). Donc aucun mépris de la technique chez Delacroix, bien au contraire :

« Delacroix part donc du principe qu'un tableau doit avant tout reproduire la pensée intime de l'artiste, qui domine le modèle comme le créateur la création ; et de ce principe, il en sort un second qui semble le contredire à première vue — à savoir, qu'il faut être très soigneux des moyens matériels d'exécution » (Baudelaire, p. 118).

D'où ces formules célèbres par lesquelles Delacroix ouvre la peinture moderne : « La peinture n'a pas toujours besoin d'un sujet » (*Journal*, 13 janvier 1857), et, à propos d'un tableau de Géricault représentant des pieds et des bras de cadavres : « C'est le meilleur argument en faveur du Beau, comme il faut l'entendre » (*Journal*, 5 mars 1857). Le vrai sujet, en effet, c'est le peintre lui-même, et ses émotions. La peinture n'est plus un langage, au sens où le tableau serait une image ou un signe renvoyant à un objet extérieur selon un lien conventionnel. Un tableau comme les *Femmes d'Alger* est l'exécution d'une musique simultanée qui a ses résonances spirituelles dans les accords complémentaires. « On trouve dans la couleur l'harmonie, la mélodie et le contrepoint » (Baudelaire, p. 105).

Si l'on se souvient des termes de la condamnation

platonicienne de la peinture, cette phrase de Baudelaire (Exposition universelle de 1855, p. 237) apparaîtra comme le manifeste de cette esthétique nouvelle qui rompt avec le culte platonicien des lignes et des formes claires :

« Vu à une distance trop grande pour analyser ou même comprendre le sujet, un tableau de Delacroix a déjà produit sur l'âme une impression riche, heureuse ou mélancolique. On dirait que cette peinture, comme les sorciers et les magnétiseurs, projette sa pensée à distance. Ce singulier phénomène tient à la puissance du coloriste, à l'accord parfait des tons et à l'harmonie (préétablie dans le cerveau du peintre) entre la couleur et le sujet. »

Baudelaire refuse l'alternative platonicienne : l'essence belle et permanente, ou bien les apparences fugitives et illusoires. En fait, pour lui, « le beau est toujours bizarre » (p. 215), c'est-à-dire individuel. L'Exposition universelle de 1855, avec ses « produits chinois », confirme Baudelaire dans l'idée que la beauté est liée à l'individualité, à l'exotique, au transitoire, à la rencontre (comme dans les dessins de Constantin Guys, le « peintre de la vie moderne »). Le comble de l'art, dès lors, n'est plus l'idéalisation de la nature, et donc l'imitation de quelque essence (comme le pense l'académisme). L'art doit être artificiel parce qu'il dépasse et nie la nature. Le dandy, la mode, le maquillage, les « paradis artificiels » : autant de façons de transformer une nature corrompue. Et la femme, qui est un être trop naturel, le contraire du dandy, doit paraître « magique et surnaturelle », elle doit se transformer en idole et « emprunter à tous les arts les moyens de s'élever au-dessus de la nature » (p. 492). L'esthétique de Baudelaire cherchera donc la vérité de l'art dans le mensonge « surréel » et l'artificiel :

« Je désire être ramené vers les dioramas dont la magie brutale et énorme sait m'imposer une utile illusion. Je préfère contempler quelques décors de théâtre, où je trouve artistement exprimés et tragiquement concentrés mes rêves les plus chers. Ces choses, parce qu'elles sont fausses, sont infiniment plus près du vrai ; tandis que la plupart de nos paysagistes sont des menteurs justement parce qu'ils ont négligé de mentir » (*Salon* de 1859, p. 381).

Cette transformation radicale de la vérité de l'art (l'expression remplaçant l'imitation) ne saurait être comprise si l'on n'évoque pas le rôle décisif joué par le développement d'une technique, d'un « art » caractéristique de l'ère industrielle, la photographie. L'invention du daguerréotype en 1838 eut pour première conséquence de libérer la peinture de la nécessité d'imiter. Les fonctions de document et de célébration qui étaient les siennes depuis le Moyen Age lui échappent, et à cet égard les *Hommages* à Delacroix et à Cézanne de Fantin-Latour, après l'*Atelier* de Courbet, peuvent être lus comme des testaments. Mais quelle influence la photographie peut-elle avoir sur la peinture ? Elle permet d'abord de confronter ce que l'on croit voir et ce que l'œil voit vraiment. Géricault, passionné d'équitation, donne aux pur sang du derby d'Epsom une attitude que les chevaux au galop n'ont jamais (Gombrich, *The Story of art*, Introd.). Mais il n'est pas sûr que l'instantané qui fige un mouvement rende vraiment la réalité perçue. On peut considérer comme Bergson que notre œil perçoit du galop d'un cheval une « attitude caractéristique » schématique qui paraît remplir et éclairer le temps d'un galop alors que la photographie analyse, éparpille et détruit cette intuition unique de la durée (*Evolution créatrice*, p. 332), de telle sorte que Géricault a eu raison de peindre « la prise du corps sur le sol » (Merleau-Ponty, *L'Œil et l'esprit*, p. 80). Mais la photographie tue l'académisme dans la représentation du corps en habituant l'œil à accepter la déformation comme un moment du geste : on peut ainsi voir un peintre comme Francis Bacon s'inspirer des photos de Muybridge. D'une façon générale la photographie n'est pas un enregistrement passif de la réalité perçue : elle assigne des limites au champ visuel, elle fige un instant de la vision monoculaire, elle reproduit les couleurs et les valeurs selon une gamme assez limitée de gris (Gombrich, *L'Art et l'illusion*, p. 59).

Mais la photographie n'a pas seulement donné aux peintres modernes un œil neuf, libéré des préjugés, « impressionniste ». Elle a en retour transformé la vision qu'on peut avoir des œuvres anciennes. Walter Benjamin a décrit les conséquences de cette métamorphose (« L'œuvre d'art à l'ère de sa reproductibilité technique »). Il montre comment la reproduction d'une œuvre détruit ce qui fait son authenticité, cette « aura » que lui donne sa présence ici et maintenant. L'œuvre cesse d'être « bizarre » au sens de Baudelaire pour devenir un objet qu'on manipule, reproduit à des milliers d'exemplaires, un phénomène de masse. Il est vrai que Malraux dans *Les Voix du silence* considère que le « musée imaginaire » permet à l'art de prendre conscience de lui-même et de découvrir ses styles sans tenir compte des différences de matière, de format et de situation. Avec la photographie « les arts plastiques ont inventé leur imprimerie » (p. 14). Mais le « musée imaginaire » est plus mort que les musées réels. Et Baudelaire, qui a perçu les avantages de la photographie, dont les traces matérielles suppléent à notre mémoire et résistent au temps, voit pourtant en elle la menace par excellence de l'âge industriel. Le poète, qui disait que « glorifier le culte des images » était son unique passion, décrit prémonitoirement la prolifération débilitante des images mécaniques.

III. — La mélancolie

La photographie pose donc indirectement le problème essentiel de Baudelaire : la place de l'artiste dans une société bourgeoise dominée par l'obsession du progrès, c'est-à-dire la « domination progressive de la matière » (p. 316). Hegel cherchait la beauté dans la liberté du héros individuel et constatait qu'une telle autonomie était, dans la société moderne, impossible. Baudelaire revendique une beauté moderne et cherche à définir un « héroïsme de la vie moderne » :

> « Quel peut être le côté épique de la vie moderne ? Nous avons inévitablement notre beauté (...) L'élément particulier de chaque beauté vient des passions et comme nous avons des passions particulières, nous avons notre beauté » (p. 195).

Mais le héros moderne, l'artiste de « génie », sera par essence un héros privé (comme Balzac). La belle autonomie du héros grec, sous la pression de ce « siècle vaurien » et démocratique, prend les couleurs sombres de l'artiste anarchiste et de *l'art pour l'art*.

« L'artiste ne relève que de lui-même. Il ne promet aux siècles à venir que ses propres œuvres. Il ne cautionne que lui-même. Il meurt sans enfants. Il a été son roi, son prêtre et son Dieu » (p. 219).

Or, l'artiste à l'ère bourgeoise paye cette indépendance d'une douleur que Baudelaire appelle le *spleen*. Ainsi le rouge et le vert de Delacroix, dès *Dante et Virgile*, expriment une « irrémédiable douleur » (p. 111). En même temps la couleur (comme l'exotisme) est une protestation contre l'autre tristesse, la tristesse bourgeoise, la névrose de l'habit noir.

« Remarquez bien que l'habit noir et la redingote ont non seulement leur beauté politique, qui est l'expression de l'égalité universelle, mais encore leur beauté poétique, qui est l'expression de l'âme publique ; une immense défilade de croque-morts, croque-morts politiques, croque-morts amoureux, croque-morts bourgeois. Nous célébrons tous quelque enterrement » (*Salon* de 1846, p. 196).

Delacroix est le vrai peintre du XIXe siècle par cette mélancolie que la couleur doit à la fois exprimer et contredire. Ainsi les *Femmes d'Alger* exhalent « je ne sais quel parfum de mauvais lieu qui nous guide assez vite vers les limbes insondés de la tristesse » (p. 128). Mais, comme l'indiquent les tableaux de Delacroix représentant Michel-Ange ou le Tasse dans l'attitude classique et presque conventionnelle du « mélancolique », ce *spleen* romantique a peut-être une origine plus profonde que la solitude du génie dans une société indifférente. L'iconographie de la Renaissance n'associe-t-elle pas fréquemment la mélancolie saturnienne à l'imagination créatrice ? Dans *L'Œuvre d'art et ses significations* (p. 125 sq.), Panofsky décrit les rapports nouveaux qui se nouent à la Renaissance entre le génie et la folie. Alors que pour saint Thomas Dieu seul a le pouvoir de créer véritablement, Dürer reconnaît au peintre le don « merveilleux » de « créer en son cœur » ce qui n'a jamais existé dans l'esprit de personne. Le génie est alors plus qu'un homme : Michel-Ange, le premier, est « divin » pour ses contemporains. Mais ce don de création équivaut à une seconde chute hors de la grâce. La mélancolie du génie « suicidé de la société » (Artaud, à propos de Van Gogh) remplace donc la *mania* de l'enthousiasme poétique décrit par Platon dans le *Phèdre*. C'est le prix que doit payer un homme capable de créer, et donc de rivaliser avec un Dieu absent.

IV. — La critique de l'imaginaire

Si la mélancolie est la fatale conséquence de l'imagination créatrice, le bonheur sera, pour Alain, le fruit de l'effort qui a su se délivrer de l'imaginaire. Dans les *Vingt leçons sur les beaux-arts* (1931) comme dans le *Système des beaux-arts* (1920), Alain expose en effet une esthétique nouvelle, parce qu'antiromantique et cartésienne, à laquelle Valéry donna par ailleurs la forme platonicienne du dialogue dans *Eupalinos ou l'architecte*. Or, cette conception nouvelle de la création artistique doit commencer par réfuter l'illusion régnante (cf. Alquié, p. 134) qui voit dans l'imagination un pouvoir qui nous permettrait d'évoquer les apparences des objets absents ou possibles. En fait l'imagination nous trompe sur sa propre nature, et l'œuvre n'est pas la traduction d'une image contemplée ou d'un rêve car, à proprement parler, les images du rêve et de la rêverie ne montrent rien. On croit voir, mais on ne voit pas. Pouvez-vous compter, disait Alain, les colonnes du Panthéon que vous pensez voir en imagination ? Par cette critique de l'imagination Alain rompt avec la conception démiurgique et, en un sens, religieuse de la création. Dans le *Timée*, en effet, le démiurge de Platon crée le monde les yeux fixés sur le modèle. L'œuvre du dieu-artisan est donc la copie imparfaite, à cause de la résistance de la matière, des Idées. Dans ce que Canguilhem a appelé un « essai d'insurrection contre l'esthétique platonicienne », Alain considère au contraire que l'œuvre naît d'une impuissance de l'imagination qui ne saurait fixer au préalable l'image de l'objet possible.

Mais l'imagination, si elle est un néant de perception, n'en repose pas moins sur une réalité puissante : ce sont en effet les réactions tyranniques du corps et le tumulte des émotions qui donnent sens et consistance aux impressions. L'image est dessinée par le corps au lieu d'être présente à la conscience. La puissance illusoire de l'imagination nous fait en réalité éprouver la puissance du « mécanisme ».

L'imagination est donc une perception fausse dans laquelle l'esprit, emporté par les émotions du corps, ne se soumet pas à l'enquête suivie que fait une perception vraie. Autrement dit, l'imagination, impuissante à nous présenter des objets absents, révèle en nous à la fois le pouvoir de l'esprit jugeant qui intervient activement dans la perception en donnant une forme aux impressions, et la puissance des émotions qui troublent et emportent le corps. C'est pourquoi Alain peut dire en cartésien qu'imaginer consiste à se fier au premier témoignage.

Cette critique de l'imagination, qui veut mettre fin au mythe du monde intérieur et des images mentales, va donc permettre de saisir, par une genèse psychologique, la nécessité de l'œuvre d'art, comme elle fait voir, dans *Les dieux*, le vrai des religions. Dans les deux cas l'imaginaire fait croire à un invisible, à un être au bord du monde et sur le point d'apparaître. Et cette croyance, vraie dans la mesure où elle est portée par l'émotion (la peur, etc.), va chercher les objets qui la confirmeront, va trouver des preuves dans le récit qu'elle fera.

« Quand on imagine une voix dans le battement d'une horloge, on n'entend toujours qu'un battement d'une horloge, et la moindre attention nous en assure. Mais dans ce cas-là et sans doute dans tous, le jugement faux est secouru par la voix même, et la voix crée un objet nouveau qui se substitue à l'autre. Ici nous forgeons la chose imaginée ; forgée, elle est réelle par cela même, et perçue à n'en point douter » (*SBA*, p. 223). « Les dieux refusent de paraître ; et c'est par ce miracle qui ne se fait jamais que la religion se développe en temples, en statues et en sacrifices » (*Les dieux*, p. 1208).

L'art et la religion, une nouvelle fois unis, doivent donc leur réalité, qui est celle des œuvres, à un tumulte du corps, au désordre de l'émotion et à la puissance de l'esprit qui juge. « Le corps humain est le tombeau des dieux » (*SBA*, p. 229), car c'est dans le corps qu'ils sont nés, et la parole qui anime le récit imaginaire de la quasi-apparition finit par donner à celle-ci une première réalité.

« Le mouvement naturel d'un homme qui veut imaginer une hutte est de la faire » (*SBA*, p. 234). L'homme en effet découvre alors la puissance de l'objet, de la matière qui résiste, cette solidité et cette permanence qui donnent une réalité aux hallucinations de l'imagination. L'artiste est d'abord artisan, il fait paraître un objet visible, palpable, perceptible, qui met fin aux fictions. Par une transmutation étonnante le désordre de l'émotion fait naître en moi un cri qui devient peu à peu un chant modulé, un geste qui devient une danse. L'objet qui surgit alors détourne l'homme de ses émotions, apaise ses passions et joue un rôle cathartique.

L'artiste qui est d'abord un artisan observe une matière déjà présente qu'il va transformer. L'artiste met à profit, avec prudence, les effets de la nature, les formes, les troncs, les nœuds, les taches. Léonard de Vinci contemplant un mur fissuré, voilà la vraie méditation de l'artiste, qui n'est pas un démiurge imposant une Idée à un réceptacle rétif, puisque la matière préfigure l'œuvre. Le démiurge platonicien serait plutôt l'image de l'industrie car « toutes les fois que l'Idée précède et règle l'exécution, c'est l'industrie ». Pour l'artiste au contraire l'Idée vient à mesure qu'il fait. Paradoxe de l'existence : l'homme est plus que la nature, il est libre, puisqu'il crée et peut donner corps aux fantômes que son esprit évoque. Mais l'homme ne domine pas par la pensée cette existence imprévue. « Aucune conception n'est œuvre » et « Faites donc et jugez ensuite ».

L'œuvre d'art a donc non seulement une signification morale, puisqu'elle discipline les passions par la création, mais aussi un sens critique, puisqu'elle rappelle la pensée à l'humilité devant le domaine résistant de l'existence. Or, seul le réel peut être beau et lui seul peut conduire au bonheur. « Heureux qui orne une pierre dure. »

Mais sculpter la pierre dure suppose qu'on est déjà sur la bonne voie. Il faut avoir discipliné les passions, surtout celles, dangereuses, de la foule. La nécessité extérieure des choses et de la pesanteur, qui fait de l'architecture le maître des arts, ne peut être explorée et dominée que si les passions sont domptées. Cet ordre humain, qui est dans l'enfance le premier connu, est celui des désirs, des prières, de l'emportement et de la panique. Le premier des arts (selon la nature humaine, sinon historiquement) sera donc la cérémonie qui ordonne la foule pour discipliner les passions, comme la musique chez Platon.

On peut tirer de cette interprétation de l'art qui « apaise l'animal » une classification des arts qui a l'avantage sur la « diachronie » de Hegel de redonner à chaque étape l'importance d'un étage justifié dans une construction architecturale conforme à la nature permanente de l'homme. Viennent tout d'abord les arts qui disciplinent la foule et qui ne transforment que le corps (la cérémonie, la danse, l'acrobatie, l'escrime, l'équitation...), arts du geste, de l'imitation, de la politesse. Viennent ensuite les arts du spectacle et de l'incantation (poésie, éloquence, musique, théâtre), qui donnent déjà naissance à des œuvres, mais seuls les arts plastiques (architecture, sculpture, peinture, dessin), qui changent réellement l'objet extérieur, peuvent donner à leurs œuvres une durée autre que celle, limitée, de l'exécution. L'art de la prose enfin, qui est d'abord un art de l'écriture et donc du « style », cet « outil pointu qui sculptait autrefois l'écriture » dit Alain (*SBA*, p. 469), est l'art le plus immatériel et en même temps le plus solide, comme une architecture de la pensée.

On voit comment la classification des arts selon un « système », une série de termes séparés et opposés par l'analyse, découle directement de la critique de l'imagination. Mais cette classification fige ce qui est véritablement un processus d'éducation. La danse, par exemple, avant d'être un spectacle, est imitation réciproque : par là s'établit une société, une communication, ce qu'Alain appelle un « langage absolu », autrement dit un échange de signes purs qui n'a d'autre sens que lui-même, qui ne se rapporte à rien d'autre. Ce va-et-vient des signes, qui est le secret de la politesse, fait de l'art en général l'école de la société et apparaît finalement comme la condition de la conscience de soi. On perçoit ainsi, au moment où le corps se découvre par le miroir de l'imitation d'autrui comme une chose extérieure, le sens même de tout art : « Des essais de vivre en commun selon l'ordre, sous la menace d'une commune émotion. » Malgré son interprétation très cartésienne du corps comme « mécanisme », Alain n'est-il pas fort proche de Merleau-Ponty quand il fait naître des émotions du corps la conscience de soi, la découverte d'autrui et les œuvres de la culture ? L'artiste n'est-il pas, selon lui, le « modèle de l'homme qui pense selon soi » ? (*Vingt leçons*, p. 614).

Mais la question de l'imagination est-elle résolue pour autant ? Si l'image se distingue de la sensation rémanente comme de l'Idée qui se réalise, on peut sans doute envisager une autre imagination, non plus reproductrice ou créatrice, mais inventrice et exploratrice, que certaines analyses d'Alain évoquent sans la nommer. Les théories modernes de l'imagination soulignent en effet le caractère à la fois « irréalisant » et matériel de l'imagination, et le rôle que jouent en elle la liberté et le hasard. Ainsi pour Sartre *(L'Imaginaire)* la jouissance esthétique est « désintéressée », parce que l'imagination est une attitude « néantisante » de la conscience qui vise un objet irréel, absent, à travers un *analogon* matériel. Ce n'est pas une Idée qui se réalise, mais un support matériel qui s'irréalise. De même Bachelard voit dans l'imagination une « fonction de l'irréel » (*L'Air et les songes*, p. 14) et une faculté de déformation, tandis que F. Alquié, dans son beau livre sur *La Philosophie du surréalisme*, souligne la « volonté de découverte et de déchiffrement » qui anime l'imagination surréaliste en quête de « hasards objectifs » et de procédés parfois mécaniques, mais toujours intentionnels, pour « forcer l'inspiration » (Max Ernst). Loin d'être une faculté intérieure d'évocation, l'imagination se confond donc avec le travail et le jeu sur la matière. L'imagination est ainsi présente dans la prédilection de certains peintres pour un élément : la terre de Courbet, l'eau de Corot, le feu de Van Gogh. Elle est présente également dans la découverte des analogies (Léonard de Vinci, cf. Huygue, p. 85, 115). Elle est présente aussi dans l'innovation technique (la peinture à l'huile chez les Flamands, et même la perspective). Alain était peut-être trop attaché au dualisme cartésien pour saisir tout à fait cette imagination du corps vivant.

Chapitre V

L'ARTISTE

I. — La découverte de Dionysos

Dédiée à Richard Wagner, *La Naissance de la tragédie* (1872) apparaît comme un acte d'allégeance envers l'auteur de *Tristan et Isolde.* Nietzsche, en effet, présente le « drame » wagnérien comme une renaissance de la tragédie grecque. Mais ainsi la musique wagnérienne, interprétée provisoirement comme un réveil « dionysiaque », jette une lumière nouvelle sur l'origine de la tragédie grecque, c'est-à-dire sur cet esprit dionysiaque qui est celui de la musique elle-même. Et quelques années plus tard, dans *Ecce Homo*, Nietzsche verra surtout dans ce livre la découverte du dionysiaque chez les Grecs, et une compréhension nouvelle du tragique comme pessimisme surmonté, qui lui permet de réfuter Wagner.

Nietzsche introduit tout d'abord dans l'esthétique deux principes auxquels il donne le nom de deux dieux grecs. *Apollon* et *Dionysos* incarnent, en effet, deux « pulsions artistiques de la nature ». Chacune de ces pulsions se manifeste dans la vie humaine par des états physiologiques. Le rêve manifeste et satisfait la pulsion apollinienne et l'ivresse la pulsion dionysiaque. Nietzsche, qui parle ici la langue de Schopenhauer, découvre dans la contemplation sereine du rêveur qui a cessé de lutter et de vouloir, une confiance inébranlable dans le *principium individuationis* : Apollon sera donc le dieu de l'individualité, de la mesure, de la conscience. « Connais-toi toi-même », et « Rien de trop » ne sont-ils pas le recto et le verso d'une même sagesse delphique ? L'ivresse dionysiaque, au contraire, déchire ce « voile de Maya » de l'individualité et cette illusion de la conscience, pour célébrer sauvagement la réconciliation de l'homme et de la nature :

« L'homme n'est plus artiste, il est devenu œuvre d'art : ce qui se révèle ici dans le tressaillement de l'ivresse c'est, en vue de la suprême volupté et de l'apaisement de l'Un originaire, la puissance artiste de la nature tout entière » (*NdT*, p. 45).

L' « esthétique » que Nietzsche fonde sur la découverte du dionysiaque a donc une portée métaphysique considérable. L'art n'est plus seulement une activité de l'esprit (au sens de Hegel) qui s'incarne dans des œuvres. La nature, dans la mesure où elle est création, naissance et mort, est elle-même artiste. En ce sens l'art se trouve en chaque chose, comme l'essence de tout « étant ». L'œuvre d'art ne sera donc pas une imitation de la nature créée, mais elle ne sera pas non plus l'expression d'une subjectivité et d'une émotion individuelles (Baudelaire). L'artiste imite bien la nature, mais en un sens nouveau, puisqu'il incarne les pulsions artistiques de la nature.

Ces deux pulsions de la nature se sont cependant révélées avec le plus de clarté dans le monde historique des Grecs. Schiller avait opposé l'art moderne, « sentimental » et « élégiaque », à la « naïveté » idyllique de l'art grec. L'art grec se caractérisait donc par la « naïveté » heureuse d'hommes encore en communion avec la nature. Mais la découverte de la pulsion dionysiaque permet de corriger cette interprétation. La noble simplicité et la calme grandeur des héros et des dieux ne sont rien moins qu'une invention naïve, car, en fait, la sérénité des dieux de l'Olympe, ces immortels qui vivent comme des mortels, sert à voiler et à surmonter une vision terrifiante de l'essence de la nature. « Pour que la vie leur fût possible, il fallait de toute nécessité que les Grecs créassent des dieux. » Les mirages et les illusions agréables de la poésie épique d'Homère ont donc permis aux Grecs de triompher de la profondeur terrifiante de leur conception du monde et d'apaiser leur sens exacerbé de la souffrance. Homère est un artiste « naïf », mais au sens où Raphaël est naïf quand il peint la *Transfiguration* d'une possession en vision extatique. La pulsion dionysiaque est première, et par là elle évoque les Titans vaincus par les dieux de l'Olympe, mais seule la pulsion apollinienne donne son sens à la douleur dionysiaque, maintenant justifiée par la vision apaisante, par cette imagination libératrice qu'elle a fait naître.

Mais quelle est la nature de cette expérience grecque du dionysiaque ? A l'arrière-fond de la civilisation apollinienne de la mesure on trouve, comme une possibilité toujours menaçante, la démesure (l'*hubris*), le « titanesque » chaos de la nature primitive. La nature en son fond est contradiction et douleur, parce qu'elle est puissance de création et de métamorphose. L'homme dionysiaque qui perd son identité individuelle dans l'extase, emporté par les chants et les danses des fêtes en l'honneur de Dionysos, découvre l'Un originaire, la « volonté » unique et éternelle derrière la naissance et la mort des phénomènes individuels. La musique sera donc l'art dionysiaque par excellence, celui qui exprime le vouloir dans son unité, tandis que l'épopée et la sculpture (et donc l'Olympe) étaient des créations apolliniennes. Nietzsche reprend ainsi la grande découverte de Schopenhauer : la musique ne fait pas partie des beaux-arts et ne cherche pas à donner ce plaisir qu'on peut prendre aux belles formes. Dans le langage platonicien qui est parfois celui de Nietzsche, on peut dire que les beaux-arts reproduisent les phénomènes individuels en leur donnant une sorte d'éternité dans l'instant, tandis que la musique est le miroir de l'Idée même, du vouloir éternel.

L'expérience dionysiaque semble en tout cas conduire Nietzsche bien au-delà de la conception kantienne du jugement esthétique et de son individualisme. L'individu, en effet, est l'adversaire de l'art. L'individu, en tant qu'il est artiste, se délivre de son moi individuel. L'artiste dionysiaque (le musicien) se fait le miroir de la volonté et l'artiste apollinien lui-même devient un médium par l'entremise duquel la volonté se délivre dans l'apparence. D'où la formule essentielle : « Ce n'est qu'en tant que phénomène esthétique que l'existence et le monde, éternellement, se justifient » (p. 61).

Mais les Grecs n'en restèrent pas à la simple opposition d'Apollon et de Dionysos et surent réconcilier la contemplation des images et l'expérience originaire de la souffrance dans leur chef-d'œuvre, la *tragédie attique*.

Pour comprendre cette mystérieuse réconciliation, il faut remonter à l'origine de la tragédie grecque, au chœur des satyres et au dithyrambe des serviteurs de Dionysos. Ce chœur satyrique représente une première « projection » et une première « hallucination » consolatrice. L'homme en proie à l'extase dionysiaque court en effet le risque de succomber au dégoût (bouddhiste) de la vie. « Une propension ascétique à nier le vouloir est le fruit des états dionysiaques » (p. 69). Comme Hamlet, l'homme dionysiaque a plongé son regard jusque dans l'horrible tréfonds de l'être. Il renonce alors à l'action, car cette vision a tué l'illusion nécessaire à l'action. Mais l'art, comme un « magicien qui sauve et qui guérit », parvient alors à transformer ce dégoût pour l'horreur et l'absurdité de l'existence en images capables de rendre la vie possible. Les images de l'horreur seront *sublimes* et les images de l'absurdité *comiques*. En ce sens « le chœur satyrique du dithyrambe est l'acte salvateur de l'art grec ». Ainsi la foule rassemblée en proie à l'émotion dionysiaque tourne le dos à la civilisation — ce mesonge qui prétend être la seule réalité — et voit surgir devant elle ce miroir du chœur satyrique où elle assiste à sa propre métamorphose. Les satyres, à la légendaire puissance sexuelle, sont des êtres de nature fictifs qui conduisent le citoyen athénien hors des limites de la cité et de l'individualité, au sein de la nature.

Naît alors, dans le chœur satyrique, une seconde « hallucination » collective, un monde apollinien, épique, d'images dans lequel l'émotion dionysiaque se « décharge » et se déploie comme une gerbe. La tragédie proprement dite, le « drame » qui se joue sur scène, cette action qu'Aristote appelle le *muthos*, sera donc une matérialisation apollinienne de l'état dionysiaque. Que voit-on sur scène, en effet ? Un héros tragique qui n'est que le masque de Dionysos lui-même, le dieu qui meurt et qui ressuscite, le dieu des métamorphoses. Telle serait donc la doctrine ésotérique (non apollinienne) de la tragédie : la reconnaissance de l'unité de la vie comme volonté, la joie qui naît du spectacle de l'anéantissement de l'individu, l'art comme le pressentiment joyeux de l'unité retrouvée. « Combien ce peuple a dû souffrir pour atteindre à tant de beauté ? » (p. 156).

Mais la réconciliation d'Apollon et de Dionysos fut de courte durée. Après Eschyle et Sophocle vient *Euripide*, et avec lui la tragédie agonise. Le chœur quitte l'orchestre, se mêle aux acteurs, et disparaît. C'est l'heure de la masse « éclairée » et du règne du public, des sophismes sur la scène et de l'intelligence sur les gradins. C'est l'heure d'Euripide mais surtout de Socrate, l' « homme théorique », son juge et son maître. Le socratisme d'Euripide a fait périr la tragédie car celui-ci, malgré le tardif hommage des *Bacchantes*, a voulu séparer la tragédie de son origine, la musique, la bouche d'ombre du dionysiaque. Or l'apollinien du mythe et du dialogue disparaît avec le dionysiaque. La contemplation sereine du rhapsode épique se dégrade en pensées froides et paradoxales, et l'extase s'avilit en passions théâtrales, en pathétique (Médée tuant ses enfants, par exemple). A cet égard l'opéra classique reprend l'héritage d'Euripide et doit son succès à la victoire de l' « homme théorique », qui ne perçoit pas la profondeur de la musique et qui veut d'abord comprendre les paroles. Pour le profane l'exaltation musicale se transforme en rhétorique de la passion et le *recitativo secco*, conformément à la tendance idyllique de l'opéra, passe pour la langue naturelle de l'humanité primitive, dans sa bonté originelle.

Ainsi « sous le fouet de ses syllogismes, la dialectique optimiste expulse la musique de la tragédie. Autant dire qu'elle détruit l'essence de la tragédie, laquelle peut seulement s'interpréter comme la manifestation et la transposition en images d'états dionysiaques, comme la symbolisation visible de la musique, comme le monde de rêve que suscite l'ivresse dionysiaque » (*NdT*, p. 103).

A l'artiste apollinien et dionysiaque s'opposera donc l'homme théorique, cet optimisme socratique qui croit — nouveauté riche d'avenir — que la pensée, en suivant le fil conducteur de la causalité et de la raison, peut parvenir jusqu'aux « Mères de l'Etre » dont parle Gœthe. Ce qui naît donc avec Socrate, c'est l'*instinct de la science*, mortel aux pulsions artistiques de la nature, et qui triomphe avec la figure de Socrate mourant, l'homme qui s'est affranchi par le savoir de la crainte de la mort. Mais lorsque l'homme découvre les limites de la connaissance (grâce en particulier à la distinction de la chose en soi et du phénomène chez Kant), une nouvelle forme de connaissance tragique surgit qui réclame, pour être supportable, la protection de l'art. N'est-ce pas d'ailleurs ce que suggère l'image inverse d'un « Socrate musicien » qui, sous l'effet d'une sorte de repentir, compose en prison un hymne en l'honneur d'Apollon (*Phédon*, 61 *b*) ?

Mais peut-être a-t-on perçu la grande ambiguïté de cette interprétation très schopenhauérienne de la naissance de la tragédie ? Dans ces pages, en effet, l'art apparaît comme un remède au spectacle terrifiant de la vérité : la plus haute mission de l'art n'est-elle pas de

« délivrer nos yeux du regard qu'ils ont plongé dans les terreurs de la nuit et de sauver le sujet des convulsions de la volonté par le baume salutaire de l'apparence » (p. 129) ?

N'est-ce pas dire que le « besoin d'art » a son origine dans une faiblesse, dans une impuissance à regarder la vie en face ? Mais Nietzsche ne s'en tiendra pas à cette conception, bien au contraire, puisqu'il verra précisément dans le tragique la découverte de la vie comme surabondance de force, comme nature artiste et puissance de métamorphose. Héraclite ne compare-t-il pas la force formatrice du monde à un enfant qui, en jouant, édifie des tas de sable pour les renverser à nouveau ? « L'art comme remède » : ce n'est pas en réalité, pour Nietzsche, le fin mot de *La Naissance de la tragédie*, comme le montre cette remarque du *Crépuscule des idoles* (« Ce que je dois aux Anciens ») :

« La psychologie de l'orgiasme comme sentiment de vie et de force débordante, dans les limites duquel la douleur même agit comme stimulant, m'a donné la clef pour l'idée du sentiment tragique. »

II. — Le cas Wagner

Cette ambiguïté en tout cas explique probablement le malentendu avec Wagner.

La découverte de l'origine dionysiaque de la tragédie attique devait montrer selon Nietzsche en quoi le drame wagnérien n'était pas un opéra, et représentait au contraire une première attaque contre la « civilisation » optimiste et la promesse d'un réveil dionysiaque et tragique en Allemagne. Prenant pour exemple l'acte III de *Tristan et Isolde* (« S'engloutir - sombrer/Sans conscience - suprême jouissance ») Nietzsche affirme que Wagner redonne vie à la fois à la « sagesse dionysiaque » du pessimisme et au sublime apollinien du mythe. La passion du héros sur la scène, autrement dit le « mythe », nous fait éprouver de la compassion pour un individu mais nous protège en fait de la trop intense passion de la musique. Cette bienfaisante illusion nous empêche de succomber à l'émotion dionysiaque, qui se décharge dans un monde de belles apparences, et le héros prend sur ses épaules, comme une victime émissaire, tout le poids du monde dionysiaque que la musique révèle à chacun. Tel est le sens du plaisir étrange qu'on peut prendre au spectacle de la belle apparence héroïque et de son anéantissement. Le drame wagnérien serait donc une première victoire de la musique et du mythe tragique (beau et sublime à la fois) sur l'optimisme moderne destructeur de toute mythologie.

Mais l'espoir que Wagner avait suscité chez Nietzsche fut de brève durée et ne résista pas à la consécration de Bayreuth et au « Vendredi saint » de *Parsifal* (1882). Dès la IVe Considération *(Richard Wagner à Bayreuth)* (1876) — quelque généreux que soit l'éloge — on peut lire la critique essentielle que Nietzsche adressera à Wagner : il y a chez lui un don fondamental d'acteur (p. 231) et « le goût passionné des émotions extrêmes et quasi morbides » (p. 179). Il faut donc se détacher du génie, chercher ailleurs le vrai tragique et ne pas confondre Tristan, ou Amfortas, et Dionysos. *Humain, trop humain* remplit cette fonction négative. Œuvre amère, elle se fonde sur une opposition presque hégélienne entre l'art et la science et reprend le thème de la mort de l'art. Nietzsche trace une sorte de bilan crépusculaire de « ce qui reste de l'art », activité proche de l'enfance et trop inconsciente. Se souvenant peut-être de Platon, Nietszche critique la superstition du génie, qu'il s'agisse d'un don de la nature (comme chez Kant) ou d'une inspiration surnaturelle. Dans les deux cas règne l'illusion de la spontanéité qui masque le « devenir » de l'artiste, c'est-à-dire le travail de celui-ci sur lui-même. L'admiration qu'on porte au génie n'est donc pas *éducative*, car elle cache la cruauté nécessaire de l'effort et de la discipline. En ce sens l'art de l'artiste (savoir dompter les forces abondantes qui sont en soi) est plus important que les œuvres d'art qui recueillent cet excès de force. Nietzsche privilégiera l'artiste par rapport à l'œuvre, ce qui lui permettra d'écrire une généalogie psychologique de l'artiste moderne, mais il se rattache peut-être, par là même, encore secrètement à l'esthétique de la subjectivité, ainsi que le suggère Heidegger.

Pourquoi Wagner est-il un cas ?

« Précisément parce que rien n'est plus moderne que cette maladie générale de l'organisme, cette décrépitude et cette surexcitation de toute la mécanique nerveuse. Wagner est l'artiste moderne par excellence, le Cagliostro de la modernité. En son art se trouve mêlé de la façon la plus séduisante ce qui est aujourd'hui le plus nécessaire à tout le monde — les trois grands stimulants des épuisés, la brutalité, l'artificiel et l'innocence (l'idiotie) » (*Crépuscule*, § 5).

Ainsi, loin d'être l'initiateur d'une renaissance allemande par la musique, Wagner serait lui aussi un artiste de la décadence européenne, et serait de ce fait proche du « pessimisme littéraire français » : Flaubert, Zola, les Goncourt, Baudelaire. Une lettre capitale à Peter Gast (26 février 1888) met en évidence les affinités entre Wagner et le Baudelaire de *Mon cœur mis à nu*, libertin, mystique, satanique, « mais surtout wagnérien » : le « décadent type » *(Ecce Homo)*. Mais qu'est-ce que la décadence ? Une atrophie de l'instinct.

L'homme moderne a les nerfs fatigués, il est blasé. Nietzsche emprunte peut-être à Stendhal l'idée qu'après Napoléon, génie de la volonté, l'Europe souffre d'anémie. Fuyant une réalité grise et sa propre douleur, l'homme moderne cherche à guérir son *spleen* par les débauches de l'imaginaire ou la brutalité du reportage naturaliste. Il tente de réveiller ses sens endormis par les épices de l'exotisme, et du pittoresque historique, par les paradis artificiels et les plaisirs interdits, par la pathologie et le spectacle de la souffrance intéressante.

L'artiste de la décadence moderne ne peut donc plus recréer l'unanimité dionysiaque. Il s'adresse aujourd'hui, non plus à un public lui-même artiste, mais à des surmenés et des distraits. Il est donc voué à la recherche de l'effet. « Il faut tyranniser pour pouvoir seulement obtenir un effet » (*Frag. post.*, 10/25) : tyrannie de la formule (le leitmotiv chez Wagner, l'hérédité chez Zola), de la masse (orchestrale ou sociale), de la brutalité (des couleurs, des thèmes, des passions). Et il ne parvient à provoquer qu'une caricature d'ivresse, une extase somnambulique : *come si dorme con questa musica* !

dit la wagnérienne à propos de la « mélodie infinie ». De fait, l'artiste moderne sera comme un hypnotiseur auquel les femmes succombent, un Cagliostro. La possession dionysiaque est donc pervertie en hystérie, et à Bayreuth la contagion sacrée s'avilit en art de masse : « le théâtre est un soulèvement des masses », « c'est là que la conscience la plus personnelle succombe au charme niveleur du plus grand nombre ». C'est la raison pour laquelle l'esthétique aujourd'hui (dit Nietzsche) est féminine. Incapable de créer des formes, c'est-à-dire de « donner », le public croit recevoir dans une « expérience esthétique », il croit « concevoir ». Et cette conception presque immaculée, l'émotion ressentie par le spectateur, deviendra le critère de la valeur de l'œuvre et donc de l'artiste. Comment ne pas songer ici aux « névralgies » de Mme Verdurin, « ces souffrances toujours prochaines infligées par le Beau » (Proust, II, p. 906) ?

Obligé de tyranniser son public l'artiste moderne, s'il a quelque valeur, jouera donc un double rôle. Il sera virtuose pour le cénacle et charlatan pour le public (Hugo, par exemple). Il devient alors, comme le Neveu de Rameau, un histrion, qui cherche d'abord l'attitude et l'expression : « fanatiques de l'expression, virtuoses jusqu'au bout des ongles », tel est le jugement de Nietzsche sur Berlioz et Delacroix. Le culte de l'expression n'est-il pas en effet un symptôme de faiblesse, puisque être capable de jouer tous les rôles dispense d'être une personne ?

Ainsi Wagner représente l'avènement du comédien dans la musique. Avènement que la duplicité de Wagner rend plus intolérable encore. Car Wagner flatte les instincts nihilistes et le christianisme, et s'emploie à satisfaire le besoin religieux de rédemption, alors qu'il a connu l'autre « morale », la morale affirmative qui communique sa plénitude aux choses, qui transfigure et embellit le monde. Siegfried le prouve : sa naissance n'est-elle pas déjà une déclaration de guerre à la morale puisqu'il vient au monde grâce à l'adultère et l'inceste ? Or Wagner a choisi, par la suite, de célébrer la « morale servile », celle qui appauvrit et enlaidit les choses, qui nie le monde et qui proclame que le moi est haïssable. Il traduit l'*Anneau* dans la langue de Schopenhauer, il se fait l'apôtre de la chasteté et met en scène le *chaste fol*. Mais cette duplicité est corruptrice, car le paradoxe du comédien ne tient pas ici : à force de mentir on devient le personnage qu'on jouait. La mimique finit par posséder le virtuose : Wagner est névrosé, dit Nietzsche, il a rendu la musique malade. « L'artiste moderne est très proche, dans sa physiologie, de l'hystérique » (*V. de P.*, 813, *Frag. post.*, 16/89).

III. — L'art tragique et le « grand style »

Le « cas Wagner » et l'ambiguïté que nous avons notée dans le pessimisme de *La Naissance de la tragédie*, montrent clairement quelle est la question centrale des réflexions de Nietzsche sur l'art : que signifie le pessimisme dans l'art ? Comment corriger l'erreur de Schopenhauer qui met certaines œuvres (Raphaël, la tragédie) au service du pessimisme et de la résignation ? Comment corriger l'erreur initiale d'Aristote qui cherche dans la « purgation » de certaines passions (la crainte et la pitié) l'effet (médical plus que moral) de la tragédie ? Si Aristote avait raison, l'art serait encore au service du pessimisme, il serait nuisible à la santé, car la *catharsis* est un leurre : on ne se débarrasse pas de ces passions-là. Or une tragédie qui inspire la crainte et la pitié désorganise, affaiblit, décourage. Est-ce là le secret de l'art et de la tragédie ? Certes pas, dit Nietzsche. Bien au contraire l'émotion tragique est tonifiante, cela se mesure même, ajoute-t-il, au dynamomètre !

Pour expliquer ce paradoxe et résoudre l'ambiguïté du pessimisme, Nietzsche va substituer à la traditionnelle classification des beaux-arts une *typologie* des artistes. Deux critères vont servir de « pierre de touche » dans l'évaluation des valeurs artistiques (*Gai savoir*, § 370). D'une part, qu'est-ce qui est à l'origine de la création : la faim, le désir, ou l'abondance et le débordement des forces ? La faiblesse ou l'énergie ? D'autre part, par quel besoin cette force ou cette faiblesse s'exprime-t-elle ? L'artiste veut-il l'immobilité, la permanence, l'éternité, l'être, ou bien veut-il la destruction, le changement, le « devenir », la métamorphose ?

Le besoin de destruction et d'innovation peut être l'expression d'une force surabondante, à la fois sacrilège et grosse d'avenir : c'est l'artiste *dionysiaque*. Mais ce besoin peut naître aussi de la faiblesse, de la haine de toute supériorité et du mépris de soi. C'est l'artiste du *ressentiment*. De même, le besoin de permanence et d'éternité peut naître de l'amour pour le monde et de la gratitude : c'est l'art d'apothéose, *dithyrambique*, d'Homère, de Rubens, de Raphaël, de Gœthe. Enfin le besoin d'éternité peut provenir de la volonté tyrannique de celui qui souffre et qui veut que sa souffrance soit la loi éternelle. Il se venge de toutes choses en leur imposant l'image de sa torture : c'est le *pessimisme romantique*, « moderne », de la philosophie de Schopenhauer, de la musique de Wagner, de la poésie de Baudelaire.

Cette « typologie » des artistes et, en fait, des attitudes devant la vie, dissipe les ambiguïtés wagnériennes.

Nietzsche peut désormais développer une esthétique qui soit une « physiologie appliquée », qui soit, en d'autres termes, une psychologie de la volonté de puissance. Dans quelle mesure cette esthétique dépasse l'analyse kantienne du jugement de beauté, cela reste à définir. Que veut-on dire quand on estime qu'une chose est belle ? Le jugement de beauté a son origine, pour Nietzsche, dans un sentiment de puissance, de plénitude et de force accumulée. Juger qu'une chose est belle revient donc à approuver le monde, dire oui à un danger (le sublime), à un obstacle. En ce sens est beau un problème difficile qu'on sait résoudre et qui nous invite à nous dépasser. « L'art est le grand stimulant de la vie » : une idée peut-être pressentie par Kant, quand il parle du jeu harmonieux des facultés de l'homme. En tout cas le jugement esthétique se fonde bien sur un plaisir, le plaisir de la puissance qui fait approuver la souffrance, les choses problématiques et terribles, le mal. La laideur elle-même, si elle exprime une impuissance, peut aussi flatter la volonté de puissance qui la reproduit. L'art sera donc le grand transfigurateur *(Verklärer)* de l'existence, qui embellit et accepte le monde au lieu d'en tirer la justification d'une négation ascétique. C'est en ce sens que l'art tragique constitue un remède contre le nihilisme, et le dénigrement métaphysique des apparences. Mais si la beauté correspond à un accroissement de la puissance, elle a une finalité réelle, biologique. En d'autres termes la beauté, loin d'être une qualité vraie des choses et un absolu, devient une illusion, un mensonge utile. Kant, d'autre part, faisait reposer le jugement esthétique sur une satisfaction désintéressée. Nietzsche, au contraire, souligne l'origine sexuelle de l'art : « On ne peut se représenter Raphaël sans une certaine surexcitation du système sexuel. » Il répond ainsi à Schopenhauer qui voyait dans la contemplation esthétique une suspension du vouloir, un bref moment de libération, mais il répond aussi (par avance) à la théorie de la sublimation qui fait naître la création d'un refoulement, et donc d'un appauvrissement de la vie sexuelle (Freud, *Un souvenir d'enfance*, p. 142). La création artistique et la contemplation ont donc une même condition physiologique : l'ivresse, ce *mehr von Kraft*, cette force accrue qu'on trouve déjà dans les parades amoureuses des animaux et qui conduit les mâles à se donner plus de valeur par l'invention de nouvelles formes et de nouvelles couleurs, par un gaspillage qui est un signe de richesse. L'état physiologique de l'ivresse révèle en nous, dans notre corps, une faculté idéalisante, « poétique », qui cherche dans les choses la confirmation de son sentiment de plénitude. Enfin l'ivresse permet de transformer le problème kantien de l'universalité en droit du jugement esthétique. L'état esthétique, en effet, est un sentiment de puissance accru *commun* au créateur et à celui qui comprend l'œuvre. « L'artiste ne parle qu'à des artistes » dit Nietzsche, qui veut dépasser la simple opposition de l'artiste créateur et du public passif et profane. L'ivresse, l'état créateur, enveloppe celui qui donne et celui qui reçoit, et l'art rapporté à la volonté de puissance se définit finalement par la force de suggestion et la réceptivité aux signes, aux gestes, aux mimiques, par la surabondance des moyens d'expression et de communication entre les êtres vivants. Comme Alain, mais par des voies différentes, Nietzsche semble mettre la danse à l'origine de tous les arts : l'art de la danse n'est-il pas l'art par excellence du corps, de l'expression et de la communication gestuelles, de la mimique et de la métamorphose ? Mais on voit ici à quel point Wagner représente le double à peine caricaturé de l'art dionysiaque. Dans *Richard Wagner à Bayreuth* (p. 261) Nietzsche n'évoque-t-il pas déjà, bien avant les fragments de 1888, la « communicabilité démoniaque » de Wagner, qui lui fait retrouver l' « entière faculté artistique de la nature », par delà la séparation des arts ? En quoi l'état esthétique diffère-t-il de la suggestibilité et de l'hystérie des wagnériennes ? Quelle pierre de touche distinguera les signes de la surabondance dionysiaque (*Crépuscule*, p. 146) et les symptômes de la pauvreté hystérique ?

L'ivresse comme état esthétique s'accomplit dans une forme, alors que le vertige wagnérien se caractérise par l'absence de formes. Nietzsche appelle le « grand style » cette volonté de donner une forme et une loi à sa propre vie, cet effort pour devenir maître du chaos que l'on est, qui sont la mesure de la grandeur d'un artiste. Si la danse est le premier des arts, l'art véritable sera l'art classique de l'architecture : Nietzsche ne donne-t-il pas comme exemple de « grand style » le Palazzo Pitti de Brunelleschi ? Mais il s'agit en fait d'une architecture psychologique, un art de bâtir avec sa propre vie.

Mais alors l'opposition du « grand style » classique (froideur, simplification, dureté, concentration, et même un peu de méchanceté) et du « romantisme » conduit Nietzsche à cette question redoutable, qui remet en cause le point de départ de ses réflexions sur l'art : « le concept de grand style est-il en contradiction avec l'âme même de la musique ? » (*V. de P.*, 842, 14/61). La musique moderne serait incapable de parvenir au « grand style » parce qu'elle serait d'abord une réaction contre la Renaissance, parce qu'elle serait sœur du Baroque et de la Contre-Réforme, parce qu'elle serait vouée à la rhétorique des passions et des attitudes dans ce style « dramatique » qui est en fait l'abandon du tout style.

Jusqu'où va chez Nietzsche la critique de l'esthétique ? Il est vrai que Nietzsche fait le procès, inlassablement, de l'art romantique (Baudelaire, Wagner), en d'autres termes de l'idée que l'œuvre d'art exprime un sentiment individuel de douleur, de nostalgie, de mélancolie. Il est vrai aussi que Nietzsche ne cherche pas ce sujet transcendantal que Kant découvrait dans le jugement esthétique. La beauté chez Nietzsche renvoie à la « psychologie » de l'artiste, à un sentiment accru de puissance. Elle est au service de la vie comprise comme volonté de puissance, de la sexualité et du corps expressif. C'est pour cette raison que l'esthétique n'est en fait qu'une « physiologie appliquée » et que les objections contre Wagner sont « d'ordre physiologique » (*Gai Savoir*, § 368). Il est vrai enfin que l' « état esthétique » doit mettre fin à la séparation moderne entre l'artiste prisonnier de sa subjectivité géniale et le public. Mais lorsqu'il rapporte l'œuvre d'art à l'artiste, et celui-ci à un « état esthétique » qui doit être compris « psychologiquement » et « physiologiquement » à partir de la volonté de puissance,

Nietzsche parvient-il vraiment à dépasser cette métaphysique de la subjectivité qui est le fondement de l'esthétique classique ? Si la création et la contemplation esthétiques ne sont plus rapportées au sujet individuel conscient, cette insertion de l'art dans la vie s'accomplit par un élargissement de l'idée de « perspective » : « la perspective est la condition fondamentale de la vie ». Les « choses », les « substances » et les « qualités » ne sont que les erreurs spécifiques grâce auxquelles les organismes peuvent vivre. La permanence n'est donc que la pétrification *(Verfestigung)* d'une perspective et la vérité une apparence qui s'est figée. Nietzsche veut donc dépasser la vérité au nom de l'art, qui accepte l'innocence du devenir et qui est volonté d'apparence *(Wille zum Schein)*. Mais faut-il dire alors comme Heidegger (*Nietzsche*, II, p. 186) que Nietzsche ne sort pas de la métaphysique cartésienne qui rapporte toute vérité à la certitude de soi du sujet humain ? Que Nietzsche mette le corps vivant à la place de l'âme et de la conscience ne changerait en rien l'orientation secrètement « cartésienne » de Nietzsche : comprendre l'art, et ses rapports avec la vérité, à partir de l'artiste, et l'artiste à partir de la volonté de puissance. Nous verrons en tout cas avec Heidegger où peut conduire une pensée de l'art qui choisit de partir de l'œuvre d'art et non de l'artiste. Mais la tentative de Nietzsche, cette « physiologie appliquée » qui passe finalement sous silence le travail matériel et corporel de la création et la présence physique de l'œuvre, éclaire peut-être aussi les questions que posera ensuite Merleau-Ponty : qu'est-ce que la permanence des choses, quel rôle jouent la perspective et le corps vivant dans l'art ?

Chapitre VI

ART ET VÉRITÉ

C'est dans une conférence intitulée « L'origine de l'œuvre d'art » (*Holzwege*, p. 7) que Heidegger pose dans toute sa clarté le problème de l'art. L'exceptionnelle importance de cette méditation ne vient pas de la richesse concrète des analyses (puisque aussi bien la fameuse référence à Van Gogh est fort discutable), mais plutôt du travail de « déconstruction » des présupposés de la conception traditionnelle de la création artistique, et en particulier de la dialectique séculaire de l'art et de la nature. Heidegger reprend ici le mouvement qui ouvre les *Leçons sur l'esthétique* de Hegel (*Int.*, p. 72). Heidegger, comme Hegel, a une conscience aiguë à la fois du caractère historique (et même « historial ») de l'art et de la nécessité de sa propre réflexion. Dans la postface il cite la formule célèbre de Hegel : « L'art est pour nous une chose du passé » (*Int.*, p. 43, cf. *supra*, p. 51). Mais cette phrase, qui rédige l'acte de décès de l'art, expression historique et dépassée de l'absolu, est elle-même enracinée dans une histoire plus profonde : derrière elle, en effet, se trouverait toute la pensée occidentale depuis les Grecs. Hegel, suggère Heidegger, conçoit l'essence de l'art à partir de la métaphysique occidentale que Heidegger, précisément, tente de dépasser en la rapportant à son origine oubliée.

Or la conception métaphysique de l'art porte le nom traditionnel d'*esthétique*. L'esthétique considère l'œuvre d'art comme un objet (tourné vers nous), et plus précisément comme l'objet d'une perception sensible (d'une *aisthêsis*) (cf. Heidegger, *Nietzsche*, I, p. 91 sq.). Cette perception sensible est définie aujourd'hui comme un vécu, une expérience psychologique *(Erlebnis)* (Kahnweiler, p. 65 sq.). Non seulement la contemplation des œuvres d'art est devenue une *Erlebnis* que Proust caricatura fidèlement avec les névralgies de Mme Verdurin, mais la création artistique elle-même se mesure à l'expérience vécue, à la « vie » dont elle serait l'expression. Ainsi l'œuvre d'art est rapportée exclusivement aux états psychologiques de l'homme : ses sentiments, son goût, sa sensibilité. Hegel a donc raison : la victoire de l'esthétique, c'est-à-dire en fait la domination du sentiment et de l'ivresse, incarnée par la musique de Wagner, signifie la mort du grand art. La critique de cette esthétique, qui finit par n'être plus qu'une « physiologie appliquée », est donc indispensable si l'on veut, comme Heidegger, retrouver dans l'art un « besoin absolu » (*Nietzsche*, I, p. 101) qui se rapporte à la vérité plus qu'à la seule beauté, qui soit un savoir *(Wissen)* et non l'excitant de nos affects. Pour ce faire, il faut rattacher l'œuvre d'art (et l'artiste) à leur origine, qui est l'art, et chercher l'essence de l'art dans la vérité qui apparaît et non dans quelque production qui s'opposerait à la nature.

I. — Chose, outil, œuvre

Comme Hegel dans l'*Introduction à l'esthétique*, et pour des raisons d'ailleurs assez semblables, Heidegger commence par un cercle. L'origine de l'œuvre d'art ? La réponse paraît évidente : l'œuvre d'art a son origine dans le travail de l'artiste. L' « opération » de l'artiste qui crée une œuvre n'est-elle pas une « création » analogue à la création divine ? (Gilson, p. 344). Mais qu'est-ce qui fait un artiste, sinon les œuvres ? Si l'artiste est à l'origine de l'œuvre, l'œuvre est l'origine de l'artiste. Il faut donc régresser vers un troisième terme commun à l'œuvre et à l'artiste. L'art est l'origine de l'œuvre et de l'artiste. La question de l'origine de l'œuvre d'art devient donc rapidement une interrogation sur l'essence de l'art. Mais là encore nous retombons dans un cercle : seules les œuvres d'art réelles peuvent nous apprendre ce qu'est l'art. Mais il faut savoir au moins vaguement ce qu'est l'art pour reconnaître une œuvre d'art. Loin de chercher à éviter ce cercle, Heidegger s'y installe. Le mouvement de l'œuvre à l'art, et de l'art à l'œuvre, devient une marche sur un chemin, sur un « chemin qui ne mène nulle part ». Malgré tout il faut choisir un point de départ. Ce sera l'œuvre dans sa réalité effective. Qu'est-ce qu'une œuvre ?

L'œuvre d'art est d'abord une chose. Un tableau de Van Gogh, par exemple, va d'exposition en exposition, et peut être détruit. Telle est la brutale évidence que Heidegger rappelle contre les esthètes de l'*Erlebnis* (cf. chez Gilson, p. 11-112, les conséquences esthétiques de cette existence matérielle des œuvres). Mais l'analyse doit se poursuivre. L'œuvre d'art est une chose, mais savons-nous ce qu'est une chose ? Certes, on peut dire que tout ce qui existe est une chose : la pierre, la cruche, l'homme, l'avion, la mort, et même Dieu. En ce sens la chose est un « étant » *(Seiend, ens)* et les choses représentent l'étant dans sa totalité. Mais, au sens strict, nous appelons chose les objets inanimés, et surtout les objets inanimés naturels.

Or si nous voulons définir cette réalité en apparence immédiate de la chose, nous rencontrons trois interprétations traditionnelles de la chose, et par là de l'étant en général. La chose apparaîtra comme le support de certaines propriétés, comme l'unité d'une pluralité d'impressions, et enfin comme une matière qui a reçu une forme.

Examinons la plus importante de ces interprétations traditionnelles de la chose, celle qui va fonder l'interprétation métaphysique de l'art. La chose est considérée comme une matière *(hylê)* qui aurait reçu une forme *(morphê, eidos)*. Cette définition convient bien, de fait, aux choses naturelles, comme aux choses d'usage. De plus cette conception (qui remonte à Aristote) permet de mieux comprendre l'œuvre d'art. L'œuvre d'art est une chose par la matière dont elle est composée. D'ailleurs « les arts n'ont pas emprunté ces notions de la philosophie ; au contraire, la philosophie d'Aristote les a toutes deux empruntées de l'art » (Gilson, p. 55). Heidegger va pourtant mettre en question cette définition, et suggérer que ce couple matière-forme (si important en esthétique, cf. *La vie des formes* de Focillon, ou *L'esprit des formes* d'Elie Faure) n'appartient pas originellement à l'art et à l'œuvre d'art.

D'où le couple matière-forme tire-t-il donc son origine ? La forme d'un bloc de granit résulte de la disposition spatiale des parties de matière. C'est un simple contour. Dans la cruche ou la hache, en revanche, la forme explique l'ordonnance de la matière, et même en détermine le choix : l'argile malléable et imperméable pour la cruche. La matière est donc soumise à la fonction de l'objet. Ici matière et forme s'expliquent par l'utilité

(Dienlichkeit), et tout étant qui a pour trait essentiel l'utilité est le produit d'une fabrication humaine. Le couple matière-forme a donc son origine dans l'essence de l'outil, au sens large. Nous avons ainsi distingué trois types d'étants : la chose nue *(Ding)*, l'outil *(Zeug)* défini par l'utilité, et l'œuvre *(Werk)*. L'outil occupe une place intermédiaire : il repose en lui-même comme une simple chose, mais sans en avoir la « compacte suffisance ». D'autre part, il est parent de l'œuvre dans la mesure où il est fabriqué par la main de l'homme. Mais l'œuvre a son tour, par son indépendance et son indifférence aux finalités humaines, ressemble à la chose.

Heidegger va donc pouvoir expliquer l'impérialisme du couple matière-forme dans l'interprétation de la simple chose et de l'œuvre par le caractère familier de l'outil. Parce qu'il croit être un *tool-making animal*, l'homme étend aux choses naturelles et aux œuvres d'art les deux notions que la fabrication des « outils » lui a rendues familières. Cette tendance est par ailleurs renforcée par l'idée chrétienne d'une création du monde *ex nihilo*. Même si le Créateur de saint Thomas n'est pas le Dieu-artisan du *Timée*, l'étant dans sa totalité créé par Dieu est interprété à partir du couple matière-forme. Si nous voulons penser la « choséité » de la chose, trouver l'essence de la chose en nous libérant du couple fatidique qui lui fait violence, il faut préciser ce qu'est l'outil en tant qu'outil. Prenons l'exemple d'une paire de souliers comme celles que nous voyons dans plusieurs tableaux de Van Gogh. Nous savons que l'être-outil de l'outil réside dans son utilité. Mais l'utilité de l'outil repose elle-même sur une qualité que Heidegger appelle la *Verlässlichkeit*, un terme qu'on pourrait traduire par « fiabilité ». Utiliser un outil, en effet, c'est d'abord l'oublier, et donc avoir confiance en lui. L'outil utile (au sens large, les souliers, par exemple) suppose donc l'appartenance secrète à un monde humain et une alliance originaire qui permet d'entendre l' « appel silencieux de la Terre ». Mais ce monde paysan du travail des champs et cette présence de la Terre que Heidegger décrit avec un lyrisme curieux, et qui sont la vérité de l'outil, seul le tableau de Van Gogh a pu nous les montrer. « L'œuvre d'art a fait savoir ce qu'est en vérité la paire de souliers » (p. 24). Voilà trouvé le privilège de l'œuvre, simple image pourtant, mais qui révèle le soulier en vérité, l'être-outil de l'outil (la *Verlässlichkeit*). Comme l'œuvre d'art révèle ce qu'est l'outil dans sa vérité, l'être de l'outil, l'art sera défini comme le « se-mettre-en-œuvre de la vérité de l'étant » *(Sich-ins-Werk-setzen der Wahrheit des Seienden)*. L'art est donc voué par essence à la vérité. Mais cela veut-il dire que l'art serait la reproduction « vraie » du réel ? Ce serait reprendre la conception traditionnelle de la vérité comme adéquation à un objet. Or, l'analyse de l'œuvre va nous conduire vers une définition plus originelle de la vérité comme dévoilement.

L'œuvre d'art n'imite pas une réalité déjà donnée, elle fait apparaître une vérité des souliers, la *Verlässlichkeit*, qui est par essence implicite.

Heidegger ne nie pas que l'œuvre d'art ne soit d'une certaine façon une chose, mais la conception traditionnelle de la chose comme forme et matière ne nous permet pas de saisir l'être de la chose, parce qu'elle doit son évidence à son origine : l'outil. Il faut donc penser l'être-chose de l'œuvre à partir de l'œuvre en tant qu'œuvre.

II. — L'essence de l'œuvre

Qu'est-ce qu'une œuvre en tant qu'œuvre ? Heidegger constate tout d'abord que l'œuvre d'art qu'on peut voir dans un musée (comme les frises du Parthénon rapportées par lord Elgin, cf. Hegel, *Sculpture*, p. 178) a quelque chose de mort. Elle a perdu cette indépendance qui caractérise l'œuvre et a été ravalée au rang d'objet, pour la jouissance esthétique comme pour l'histoire de l'art. Or l'œuvre, avant d'être objet, est avènement de la vérité. Prenons cette fois l'exemple d'un temple grec, œuvre d'architecture qui, par excellence, n'imite rien. Deux caractères essentiels vont le définir en tant qu'œuvre. Le temple sera présentation d'un monde *(Aufstellen einer Welt)* et révélation de la Terre *(Herstellen der Erde)*.

1. L'œuvre est la présentation d'un monde. *Aufstellen* ne désigne pas ici la simple « exposition » dans un musée. Le terme signifie élever, consacrer et glorifier. Le temple présente et célèbre un monde. C'est un « monument », c'est-à-dire un témoignage. Il incarne une foi, une civilisation. Et le monde *(Welt)* n'est pas un objet, ni un assemblage d'objets, mais l'esprit même d'une époque, quelque chose d'assez proche, finalement, du *Geist* hégélien. C'est l'espace proprement humain ouvert par les décisions d'un peuple, le sens qu'il donne à la naissance et à la mort, au combat et au labeur. Le temple n'est donc pas le simple reflet, ou l'illustration, des croyances d'une époque. Il les incarne, il les fait venir à la conscience. D'autre part, le monde diffère selon les époques, il est historique.

2. Mais le temple est indissociable de la matière, du marbre dont il est fait, du rocher sur lequel il se dresse, du ciel qu'il découpe, de la lumière qui l'éclaire. Il a un site, un « lieu naturel » que la topographie ne peut saisir. En ce sens le temple « révèle » la Terre. *Herstellen* signifie d'ordinaire fabriquer un outil (cf. *poiein* en grec). Mais Heidegger donne à ce verbe le sens presque opposé de révéler, montrer, manifester. L'outil fabriqué domine la matière dont il est fait. Celle-ci s'efface et s'use. L'œuvre d'art au contraire révèle la « matière » en

tant que telle ; la pierre taillée du temple manifeste sa pesanteur, sa couleur, son grain. Et d'une manière générale, l'œuvre met en lumière le fond obscur d'où naissent les choses « concrètes ». La Terre évoque ainsi ce que les Grecs appelaient *phusis* et parfois *zôê*. En ce sens la « nature » n'est pas l'objet des sciences de la nature et ne s'oppose pas à l'art. La Terre est l'être confondu avec l'étant dans sa totalité, c'est l'épanouissement secret par lequel les choses viennent à l'existence. La Terre qui, par essence, se dérobe, apparaît donc comme cette « nature » et cette « matière » primitives, et en un sens inhumaines, que cachent et oublient les « outils » humains et l'objectivation technique et scientifique de la raison. La pesanteur de la pierre que le temple révèle ne se réduit pas, en effet, à une simple quantité de matière, ou à un poids mesurable. Seule l'œuvre d'art parvient à révéler quelques aspects de ce « fondement abyssal » qui porte tout et où l'homme habite. Mais l'art, pour ce faire, doit s'enfoncer dans la Terre, lui emprunter ses matériaux. L'œuvre d'art révèle la Terre parce qu'elle se reconnaît fille de la Terre, comme les dieux grecs nés des forces telluriques dont parle Hegel (*Art classique*, p. 33 sq.). Loin donc de s'opposer à la « nature » prise comme un objet, l'art seul a le privilège de manifester la Terre comme ce qui ne peut pas être manifesté.

Ainsi l'unité de l'œuvre d'art qui repose en elle-même va naître d'un conflit (*Streit*) entre le monde de clarté, apollinien, du destin des hommes, et l'obscurité qu'on peut dire, en souvenir de Nietzsche, « dionysiaque », de la Terre. La plénitude de l'œuvre est le fruit d'un équilibre presque impossible entre un monde historique et la Terre inhumaine.

Nous venons donc de voir que l'œuvre d'art est une œuvre parce qu'en elle la vérité apparaît. Cela ne veut pas dire que l'œuvre est vraie parce qu'elle est conforme à quelque réalité extérieure, ou même qu'elle est vraie, parce qu'elle serait authentique et qu'elle exprimerait une « nécessité intérieure » (Kandinsky). Une œuvre d'art est une œuvre parce qu'elle révèle ce qu'est un étant dans sa vérité. La vérité, dont l'avènement est l'essence de l'œuvre, est le « dévoilement » de l'étant (dévoilement traduisant l'allemand *Unverborgenheit*, terme qui est la traduction proposée par Heidegger pour le grec *alêtheia*).

Il nous faut nous demander maintenant quelle doit être l'essence de la vérité pour que celle-ci advienne dans une œuvre.

Il est évident que l'œuvre d'art est « créée » *(geschaffen)*. Créer *(Schaffen)* signifie produire *(Hervorbringen)*. Mais la fabrication *(Anfertigung)* d'un outil est aussi une production. Faut-il donc en revenir à l'ancienne indistinction des « arts mécaniques » et confondre l'artisan qui fabrique et l'artiste qui crée ? « Artisan d'abord » disait Alain de l'artiste, et les Grecs n'emploient-ils pas un seul mot *(technê)* pour désigner l'habileté manuelle et l'art ? Le sculpteur, comme le potier, n'est-il pas un *technitês* ? Mais *technê* ne désigne pas chez les Grecs un mode de production, une technique, un savoir-faire pratique. *Technê* désigne en fait un savoir, l'expérience fondamentale de la *phusis*, de l'étant en général, au sein duquel l'homme se trouve exposé, et cherche à s'installer. La *technê* est le savoir qui porte et qui conduit toute irruption *(Aufbruch)* de l'homme au sein de la *phusis*. Avant de désigner effectivement la production d'outils et d'œuvres, la *technê* est la révélation de l'étant en tant que tel. Même si par ses œuvres et ses outils l'homme s'établit dans la « nature », et se protège par son « art », comme le suggère le chœur d'*Antigone* (332-364), le savoir de l'étant qui est la condition de cet établissement n'est pas une attaque, mais l'accueil *(Ankommenlassen)* de ce qui est déjà présent.

Il faut donc se garder de confondre la création de l'œuvre et la fabrication. Si l'artisan fabricateur domine sa fabrication, l'artiste est plutôt l'instrument d'une vérité qui se met en œuvre. L'artiste n'explique pas l'œuvre dont l'initiative appartient à la vérité. Par essence, en effet, la vérité tend à l'œuvre et ne devient elle-même que lorsqu'elle s'incarne. Elle a, dit Heidegger, un *Zug zum Werk*, comme l'Esprit qui s'exprime par les œuvres sensibles chez Hegel. La vérité est dévoilement, et le préfixe privatif du terme allemand *(Un)* nous rappelle que le voilement et l'erreur appartiennent à la vérité. La vérité comme non-voilement est une lutte entre l'éclaircie *(Lichtung)* et l'obnubilation *(Verbergung)*. Loin d'être seulement contemplée par une « théorie », la vérité est la conquête d'une ouverture. Et la vérité ne peut être une ouverture *(Offenheit)* que si elle s'installe dans un étant.

Il appartient donc à l'essence de la vérité de s'installer dans un étant. Le mystique allemand Jakob Boehme disait déjà que la lumière ne peut devenir lumière que si elle rencontre un objet qu'elle éclaire et qui finit dans sa splendeur par la faire oublier. En ce sens la vérité, l'ouverture, est comme le milieu invisible, le néant qui fait voir quelque chose. Seuls certains étants (les œuvres d'art) permettent à la vérité de s'installer et font voir cette vérité que cache le monde trop familier des outils. Une production est donc une création lorsque l'étant ainsi créé, l'œuvre, fait apparaître l'ouverture, la vérité comme non-voilement.

Nous parvenons ainsi à l'idée centrale de l'*Origine*. Heidegger semble vouloir montrer l'importance de la réalité matérielle de l'œuvre *(das Dinghafte)* : le marbre du temple, mais aussi le rocher, la lumière et la mer de son site naturel. Mais il veut aussi rompre l'ancienne assimilation de la création à la fabrication. Dans l'œuvre la « matière » et, de façon plus profonde, la Terre (la *phusis*), n'est pas utilisée et exploitée (*verbraucht)* comme la matière d'un outil. L'œuvre assume la Terre et ses qualités : la pesanteur de la pierre, la « muette dureté du bois ». Elle met ainsi la Terre en évidence, avec gratitude, alors que l'outil fabriqué fait injure à la Terre en l'oubliant. De là vient la seconde différence entre l'œuvre et l'outil. Ce sont tous les deux des productions, mais l'œuvre créée met en évidence son être-créé (d'autant plus même que l'artiste et les circonstances de la création sont inconnus). L'œuvre d'art donne donc le choc de son existence même (et ce choc est la vérité de l'expérience esthétique illusoirement fondée sur le plaisir). L'outil, au contraire, disparaît rapidement dans son utilité, parce qu'il est lui-même oubli de la Terre. L'œuvre, par essence, est insolite *(ungewöhnlich)*, elle est monstrueuse, parce qu'elle montre ce qui d'ordinaire ne se voit pas.

Mais l'être-créé ne suffit pas à définir l'essence de l'œuvre. Un pas essentiel reste encore à faire pour s'affranchir du préjugé démiurgique en art, la confusion de la création, qui est l'avènement de la vérité, avec la fabrication de l'artisan qui impose une forme à une matière. L'œuvre créée, en effet, par sa présence insolite, nous libère de nos relations habituelles avec le monde et la Terre, et nous fait séjourner dans la vérité qui advient par elle et en elle. Au lieu de soumettre l'œuvre à nos désirs et à notre intelligence, nous la laissons être ce qu'elle est. C'est ce que Heidegger appelle la sauvegarde *(die Bewahrung)*, le deuxième élément essentiel de l'œuvre d'art. Une œuvre d'art a besoin des hommes, comme toute vérité, même « éternelle », se révèle dans l'histoire à un *Dasein*. L'oubli d'une œuvre est encore une forme de sauvegarde. Cette sauvegarde est un savoir et une volonté, une résolution qui n'a rien à voir avec l'expérience esthétique individuelle ou la simple information érudite. Il s'agit de demeurer dans la vérité de l'étant qui advient par l'œuvre. Et cette sauvegarde, cette fidélité qui nous libère de l'emprise quotidienne de l'étant pour nous livrer à l'ouverture de l'être, fonde une communauté des hommes dont on peut voir une préfiguration dans l'universalité, chez Kant, du jugement esthétique désintéressé.

Finalement la question de la réalité matérielle de l'œuvre s'estompe. En considérant d'abord l'œuvre comme une chose nous courons le risque de la dégrader en objet qui doit provoquer en nous certains états, le plaisir, etc. Si l'œuvre est une chose, nous ne la laissons pas être. En fait, l'œuvre paraît avoir la réalité d'une chose parce que la Terre se dresse dans l'œuvre. Mais la Terre qui, par essence, aime à se cacher, offre la plus grande résistance à l'ouverture de l'ouvert, à l'avènement de la vérité. Ni outil, ni chose, l'œuvre a le privilège de nous faire mieux comprendre ce qui fait qu'une chose est une chose, et un outil un outil. La chose, en effet, doit être comprise par son appartenance à la Terre. Et seule l'œuvre d'art peut révéler la Terre. Et l'outil lui aussi est révélé dans sa vérité par l'œuvre (comme l'a montré le tableau de Van Gogh).

L'art dans son essence est donc défini comme la mise en œuvre de la vérité, à la fois par la création et par la sauvegarde. Heidegger tente ainsi de mettre fin au privilège de l'artiste créateur. La vérité, en s'installant dans l'œuvre, crée l'artiste plus qu'elle n'est mise par lui dans un étant, et cette vérité, condition d'un étant qui pourtant la révèle comme telle, appelle une sauvegarde : Heidegger dépasse ainsi l'opposition trop évidente de la contemplation et de la création, du goût et du génie. Finalement l'art, sauvegarde créatrice de la vérité dans l'œuvre, dans la mesure où il laisse advenir la vérité de l'étant, avec fidélité et respect, est *Dichtung*, c'est-à-dire poésie.

Si tout art dans son essence est *Dichtung*, il est clair que ce terme ne désigne pas seulement la poésie en tant que genre littéraire, bien que celle-ci (en particulier avec Hölderlin, le poète de la poésie) occupe une place essentielle dans la pensée de

Heidegger. La poésie, en effet, est l'œuvre du langage. Or le langage n'est pas un simple instrument de communication. Dans son essence le langage ouvre l'espace de l'Etre que les étants vont occuper et où peuvent donc se rencontrer le vide et le silence. La poésie, dans la mesure où, par elle, le langage retrouve son essence, qui est de dire l'Etre de tous les étants, est pensée. Et penser, c'est poétiser *(dichten)* *(Holzwege*, p. 303). Il est donc difficile ici de distinguer le langage authentique, la pensée et la *Dichtung*. Ainsi, puisque la poésie, œuvre du langage, est *Dichtung* par excellence, l'architecture *(Bauen)* et les arts plastiques *(Bilden)* ne sont possibles que par l'ouverture du langage. (Merleau-Ponty tentera au contraire de penser la peinture comme un langage sans la soumettre à la parole.)

Heidegger, pour éclaircir l'essence de la *Dichtung*, évoque cinq vers d'Hölderlin. « Poétiser, dit le premier, cette occupation la plus innocente de toutes... » Le privilège de la poésie, de la *Dichtung*, est d'autant plus surprenant que l'occupation qui consiste à composer des poèmes est tout à fait gratuite. L'œuvre du poète échappe aux préoccupations pragmatiques. Le pain et le vin qu'il chante ne nourrissent personne. C'est cette innocence que Platon condamne dans la *République*. Mais « le langage est le plus dangereux de tous les biens ». Le langage est un bien puisque, grâce à lui, l'homme comprend et nomme les étants au milieu desquels il se trouve, ouvre un monde et une histoire. Le langage est l'essence même de l'homme. Mais il est dangereux, car il peut conduire à l'oubli de l'Etre et, asservi aux préoccupations quotidiennes, se dégrader en bavardage. L'homme se détourne alors de sa possibilité la plus authentique : c'est la « déchéance » *(Verfallenheit)*. Pourtant « nous, les hommes, sommes un dialogue ». Le dialogue est un échange qui suppose une présence, une permanence, et donc une durée, un temps. Nous dialoguons donc « depuis que le temps existe ». Etre temporel, constituer un monde, ouvrir une histoire, exister comme *Dasein* sont des expressions presque synonymes. Et ce dialogue que nous sommes apparaît par excellence dans l'acte proprement humain de nommer et d'invoquer les dieux (cf. *supra*, p. 53 et 78). Ainsi « ce qui demeure est instauré par les poètes ». C'est le poète en effet qui instaure un ordre durable en nommant les choses, qu'il rend saisissables en les arrachant au chaos originel. Loin d'être voué aux apparences, comme le pensait Platon (*supra*, p. 9), le poète dit ce qu'est l'étant dans sa vérité et ainsi l'instaure. Fondant tout ce qui est, l'homme se fonde lui-même. On comprend dès lors pourquoi le *Dasein* est poétique *(dichterisch)* et en quel sens « c'est poétiquement que l'homme habite cette terre ». La *Dichtung* est donc dévoilement de l'Etre dans le langage. Aussi, loin d'exprimer simplement une culture, rend-elle possible toute culture.

L'art dans son essence est *Dichtung*, et l'essence de la *Dichtung* est l'instauration de la vérité. Ainsi l'art n'est pas une collection de choses dans un musée, mais une conception ontologique nouvelle, une façon d'interpréter l'étant dans sa totalité. L'art est historique *(geschichtlich)*, non au sens où il aurait une histoire, comme un phénomène culturel parmi d'autres pris dans l'histoire générale des hommes. L'art est historique parce qu'il *est* l'histoire : les hommes n'ont une histoire que parce que la vérité se révèle à eux en s'installant dans des œuvres. Or, dans la mesure où l'histoire authentique des hommes, celle de la vérité, est une histoire très lente et presque immobile, on découvre que l'art, dans son essence, est toujours grec. L'art chez les Grecs répond à la *phusis*, autrement dit à la fatale confusion de l'étant dans sa totalité et de l'Etre, que Heidegger retrouve même dans l' « Ouvert » du poète Rilke (Wozu Dichter, dans *Holzwege*, p. 257). Or, n'est-ce pas à cette interprétation « métaphysique » de l'être de l'étant que Heidegger, obstinément, veut échapper ? Sommes-nous finalement renvoyés à Hegel ? L'art, parce qu'il est grec, doit-il être dépassé ?

Heidegger rapporte tous les arts à la *Dichtung*, c'est-à-dire en fait à la parole du poète. N'est-ce pas une façon de négliger, avec les arts plastiques, le travail de la main et l'expérience du regard, et donc de laisser dans l'ombre les liens mystérieux qui unissent l'art au corps ? D'autre part, si l'art est une « mise en œuvre » de la vérité, l'homme d'Etat, le saint, le héros et surtout le penseur sont aussi des « créateurs » qui incarnent dans l'histoire la vérité. Comment distinguera-t-on, dans ce cas, les uns et les autres ? Si toute vérité qui se dévoile s'installe dans une œuvre, tout dévoilement de la vérité s'accomplit-il par l'art ?

Chapitre VII

L'EXPRESSION

Jamais peut-être la complicité entre la philosophie et un art ne fut aussi grande qu'entre la peinture (en particulier celle de Cézanne) et la pensée de Merleau-Ponty. Le phénoménologue de la perception retrouve en effet chez le peintre de la montagne Sainte-Victoire un souci identique au sien : par delà la distinction de l'âme et du corps, de la pensée et de la vision, revenir « à l'expérience primordiale d'où ces notions sont tirées et qui nous les donne inséparables » (Le doute de Cézanne, *SNS*, p. 29). L'œuvre d'art n'est donc plus un scandale, ou une réfutation de la philosophie, comme chez Nietzsche, mais, par les retrouvailles avec la perception spontanée des choses, une entreprise parallèle d'exploration du réel et de fondation.

Cézanne, dit Merleau-Ponty, « ne met pas la coupure entre les « sens » et l' « intelligence », mais entre l'ordre spontané des choses perçues et l'ordre humain des idées et des sciences. Nous percevons des choses, nous nous entendons sur elles, nous sommes ancrés en elles et c'est sur ce socle de « nature » que nous construisons des sciences » (*SNS*, p. 24).

Que toute peinture suppose une certaine conception du réel et emporte donc une ontologie est une évidence. Mais chez Merleau-Ponty le paradoxe est plus profond. D'un côté, en effet, toute l'histoire moderne de la peinture, son effort pour se dégager de l'illusionnisme ont une signification métaphysique (*OE*, p. 61). Mais ce sens présent dans les tableaux de Cézanne et des cubistes, la philosophie n'a pas à le cueillir, à en purifier le concept, à la manière hégélienne. Bien au contraire, Cézanne « pense en peinture » (*OE*, p. 60) quand sa vision se fait geste, et la « pensée muette » de la peinture (*OE*, p. 91) sera une grande leçon d'humilité pour la pensée qui se croit délivrée des contingences du langage. Dans la mesure où la perception du corps vivant nous donne un accès au réel (à l'Etre) que la pensée conceptuelle a perdu, et que la peinture est née de ce corps percevant et s'offre ensuite à lui, le geste du peintre est déjà une ontologie. Mais n'est-il pas significatif de retrouver alors, dans la définition de la peinture comme « présentation sans concept de l'Etre universel » (*OE*, p. 70), les caractères essentiels du jugement de beauté chez Kant ?

Pour comprendre comment l'histoire de la peinture moderne peut avoir une signification métaphysique, il faut partir de l'entreprise impressionniste. Les Impressionnistes conçoivent la peinture comme une étude concrète des apparences visuelles et comme un travail sur nature. « Sensualistes » (Kahnweiler, *Juan Gris*, p. 98), ils veulent rendre la manière dont les objets frappent notre vue, les représenter dans l'atmosphère même de la perception instantanée, enveloppés et fondus dans l'air et la lumière cosmique, délivrés des contours que trace notre intelligence. D'où l'abandon du bitume, des terres, des ocres, des noirs de la peinture académique, et l'utilisation exclusive des pures couleurs du prisme. (Même si cet intérêt pour la lumière naturelle est surtout un rejet des théories et un geste de libération, le destin de cette courte période veut qu'elle se cristallise en théorie de la vision avec Seurat et Signac.) La peinture ne doit donc pas se contenter de reporter sur la toile le ton local (la couleur de l'objet isolé) et doit tenir compte des phénomènes de réactions et de « contraste simultané » (Chevreul) qui la modifient. Comme la psychologie expérimentale rappelle que chaque couleur provoque la vision de la teinte complémentaire, le rouge complémentaire fera vibrer le vert de l'herbe (Signac, p. 42, 75, 95). Enfin les Impressionnistes décomposent le ton local lui-même en petites touches juxtaposées (les « virgules » de Monet) que le « mélange optique » réunira. Ainsi le tableau peut rendre l'atmosphère générale (l' « impression ») dans sa vérité et sa fraîcheur, mais au prix d'une disparition de l'objet qui, en perdant ses contours, perd sa résistance, sa pesanteur, sa matière. L'apparence visuelle retrouve son innocence, mais l'atomisation colorée du réel dans un tableau comme les *Nymphéas* de Monet suggère que l'apparence visuelle seule est une abstraction et que l' « image sur la rétine » un mythe. Ce sont, en fait, des *choses* que nous voyons.

Avec sa palette plus riche Cézanne veut au contraire représenter l'objet dans sa réalité. Il renonce à la division du ton et la remplace par une modulation colorée qui reconstitue une forme. Certes, les contours ne sont pas précis et la couleur a toujours la priorité sur le dessin, mais l'objet ne se dissout plus dans la lumière ambiante. Il est éclairé de l'intérieur. D'où l'impression de solidité, de matérialité. Des traits bleus donnent plusieurs contours à un objet, qui paraît déformé, mais quand on regarde globalement l'arrangement du tableau, ces déformations donnent l'impression d'un ordre naissant, d'un objet en train d'apparaître.

Cet étrange sentiment de réalité devant des formes qui ne sont pas celles que l'habitude croit connaître, et le sentiment d'irréalité devant l'analyse de l'apparence visuelle pure, nous conduisent directement à la question essentielle de la phénoménologie : qu'est-ce qu'une chose ? (cf. *supra*, p. 95).

I. — La réalité des choses

Une chose a des propriétés stables, constantes, qui permettent de la reconnaître. Elle a sa grandeur et sa forme propres, objectives, malgré les variations dues aux différentes perspectives. Elle a aussi une couleur, une dureté, un poids, une odeur, bref ces qualités que les cartésiens appellent « secondes » et qui, aux yeux de Merleau-Ponty, nous apprennent sur elle beaucoup plus que ses propriétés géométriques. En particulier, la chose a une couleur « réelle » qui demeure constante malgré les changements dus à l'éclairage. C'est par ce problème psychologique de la *constance des couleurs* que la phénoménologie de la perception (*PP*, p. 345 sqq.) nous conduit à la question ontologique de la chose et nous fait retrouver la peinture dont, disait Hegel, « le principal élément consiste dans la coloration » (*Peinture*, p. 80), et qui fait naître une réalité reconnaissable sur la toile par le simple jeu des couleurs.

Pour comprendre le phénomène de la constance des couleurs (qui est une illusion naturelle) il ne faut pas limiter la couleur à ces qualités figées et abstraites que perçoit une conscience réfléchie. La perception des couleurs est tardive chez l'enfant, parce que la couleur dans la perception vivante est une « introduction à la chose » (*PP*, p. 352) et que la perception va droit à la chose sans passer par les couleurs, comme on saisit l'expression d'un regard sans voir la couleur des yeux. La couleur ne se réduit pas aux bandes du spectre ou à des plages colorées sans support matériel. Il y a d'autres modalités de la couleur (Katz) : la couleur des corps transparents dans les trois dimensions *(Raumfarbe)*, le reflet *(Glanz)*, la couleur ardente *(Glühen)*, la couleur rayonnante *(Leuchten)*, et, d'une manière générale, la couleur de l'éclairage que le peintre représente par la répartition des ombres et des lumières (le « modelé », le clair-obscur).

Pour expliquer la constance des couleurs et la distinction entre l'éclairage et la couleur « réelle », il faut considérer le rôle de l'éclairage. On sait qu'un mur « blanc » faiblement éclairé nous apparaît, en vision libre, toujours blanc. Mais si nous le regardons à travers l'ouverture d'un écran qui nous cache la source lumineuse et ce qui environne le mur, il apparaît gris-bleu. La constance s'évanouit. De même, le peintre, en clignant des yeux, isole les couleurs de leur entourage et parvient à les voir telles qu'elles sont, physiquement, en fonction de la quantité et de la qualité de lumière reflétée. Nous n'avons plus devant nous un objet réel avec une couleur déterminée, à sa place dans le monde, mais nous voyons des taches colorées. Le facteur décisif dans le phénomène de constance (que l'écran supprime) n'est donc pas la simple habitude, comme le veut l'empirisme, ni le jugement qui serait capable de distinguer dans l'apparence la part de la lumière incidente, comme le voudrait l'intellectualisme, mais un élément que, précisément, l'impressionnisme avec les couleurs, et Cézanne avec les contours, ont mis en évidence : l'articulation de l'ensemble, la cohérence de l'agencement, l'organisation du champ.

L'éclairage, avec les reflets et les ombres qu'il détermine, conduit mon regard et me fait voir l'objet, comme un intermédiaire discret. Reprenant peut-être une ancienne comparaison de Hegel entre la lumière et l'esprit (*Art classique*, p. 81),

Merleau-Ponty note que nous percevons d'après la lumière comme nous pensons d'après autrui dans la communication verbale. Ne parle-t-on pas du « sens » de la lumière ? L'éclairage à proprement parler n'est donc ni une couleur ni même une lumière. (Du moins dans la perception spontanée. L'effet d'éclairage peut devenir le sujet même du tableau, et les Vénitiens peignirent une lumière dorée.) L'éclairage électrique, qui paraît jaune quand on allume, cesse d'avoir une couleur définie pour devenir une atmosphère dominante, une convention fondamentale en fonction de laquelle nous redistribuons les couleurs du spectre, nous transposons les rapports de couleur. Et cette installation dans un milieu coloré est une opération corporelle.

Il faut donc ici supposer un « corps phénoménal », un corps vivant et connaissant, et substituer à la conscience, comme sujet de la perception, l'existence, c'est-à-dire l'être au monde à travers le corps (*PP*, p. 357). Le problème de la constance des couleurs ne peut ainsi se comprendre qu'à partir de l'organisation globale du champ perceptif telle que le corps la réalise. Les couleurs du champ visuel (ou d'un tableau) forment un système ordonné autour d'une dominante, l'éclairage. Et c'est cette logique propre de l'éclairage, perçue et vécue par le corps, qui donne sa réalité au tableau (on parle d' « éclairage intérieur ») comme au monde réel.

Or, cette cohérence globale n'est pas limitée au seul champ visuel. La psychologie classique (cartésienne) est analytique : elle part d'une mosaïque de sensations et de sens distincts (ouïe, vue, toucher) et laisse au jugement, à l'intelligence, la tâche de reconstruire l'unité manifeste des choses et du champ perceptif. Mais en fait cette dissection de la chose est une abstraction.

« Les propriétés sensorielles d'une chose constituent ensemble une même chose, comme mon regard, mon toucher et tous mes autres sens sont ensemble les puissances d'un même corps intégrées dans une seule action » (*PP*, p. 367).

Une chose n'est jamais donnée à un seul sens et appelle au contraire l'opération concordante de tous les autres. Là encore le témoignage du peintre est irréfragable : Cézanne disait qu'on *voit* le velouté, la dureté, la mollesse et même l'odeur des objets (*SNS*, p. 28). Et c'est cette coopération qui nous donne l'expérience inébranlable de la réalité :

« Si un phénomène — soit par exemple un reflet ou un souffle léger de vent — ne s'offre qu'à un des sens, c'est un fantôme, et il n'approche de l'existence réelle que si, par chance, il devient capable de parler à mes autres sens, comme par exemple le vent quand il est violent et se fait visible dans le bouleversement du paysage » (*PP*, p. 368).

Etonnant renversement de la vieille condamnation platonicienne : c'est l'expérience que le peintre a de la vision qui nous fait comprendre la différence entre le reflet et la chose réelle. L'unité de la chose qui s'offre à plusieurs sens n'est pas un substrat pensé, mais un unique accent qui se retrouve dans chacune de ses propriétés. Par exemple la fragilité, la rigidité, la transparence et le son cristallin d'un verre traduisent une seule manière d'être (*PP*, p. 368). Le sens d'une chose naît de ses qualités sensibles comme un sens humain peut naître des gestes. Pas de mystère ici, mais un « miracle » commun à l'homme et aux choses : l'expression.

Cézanne décrit ainsi cette émergence : « Le dessin et la couleur ne sont plus distincts ; au fur et à mesure que l'on peint, l'on dessine ; plus la couleur s'harmonise, plus le dessin se précise... Quand la couleur est à sa richesse, la forme est à sa plénitude » (Gasquet, *Cézanne*, p. 123). Et chaque tache de couleur doit « contenir l'air, la lumière, l'objet, le plan, le caractère, le dessin, le style » (E. Bernard, *La Méthode de Cézanne*, p. 298).

L'analyse du phénomène de la constance, et donc de la réalité dans la perception, a mis en évidence un double et paradoxal aspect de la chose. D'un côté, en effet, la chose est tournée vers mon corps. Elle s'offre non seulement au regard, mais à l'inspection de mon corps (et non de mon esprit, comme le voulait Descartes). En ce sens aucune chose ne peut être séparée de quelqu'un qui la perçoive. Les choses sont toujours humaines dans la mesure où elles se posent toujours dans le milieu qu'ouvrent mon corps et ses explorations. Mais cette confiance spontanée, cette foi originaire (*Urdoxa*, Husserl) qui nous lie à un *monde* comme à notre patrie et qui fait de la perception non une science naissante comme le pense l'intellectualisme, mais un commerce avec les choses, ne va pas sans un revers inhumain. Car, d'un autre côté, la chose se présente à celui qui la perçoit comme une chose réelle, en soi, hostile, étrangère. Et seule une « attention métaphysique et désintéressée » (le terme kantien !), qui sera celle du peintre (en particulier dans les *natures mortes*), peut nous faire retrouver cette étrangeté des choses que les « outils » de la vie quotidienne, les artefacts soumis aux actions humaines, tendent à nous cacher. Cette idée, qui est déjà à l'œuvre dans cette « finalité sans fin » qui distingue selon Kant les belles choses des « outils », et qui prend chez Heidegger la forme d'un conflit entre la simple chose, l'outil et l'œuvre d'art, trouve encore une fois sa confirmation dans la peinture de Cézanne qui « met en suspens ces habitudes et révèle le fond de nature inhumaine sur lequel l'homme s'installe » (*SNS*, p. 30).

II. — Le monde de la peinture

La pensée de Merleau-Ponty est probablement la première ontologie fondée sur la peinture, et non contre elle. On pourrait en effet se demander si ce *cogito* corporel que Merleau-Ponty substitue à la conscience comme sujet actif de la perception n'est pas un monstre qui réunit trop habilement les attributs de la conscience et de l'organisme. Mais alors le geste intelligent du peintre, dans sa simplicité, est un argument décisif (*Signes*, p. 57). Et dans l'une de ses dernières œuvres *(L'Œil et l'Esprit)* la méditation de Merleau-Ponty sur le corps et le monde devient une exploration du monde de la peinture, c'est-à-dire de ce monde visible créé par le geste du peintre et qui est l' « icône » (*OE*, p. 22) du visible « réel ». Cette interrogation du visible se conforme certes, comme le titre l'indique, à la tradition séculaire qui privilégie la vue par rapport aux autres sens, mais en même temps elle accorde à la vision (et partant à la peinture) une signification ontologique d'ordinaire réservée à la pensée. A proprement parler, en effet, l'Etre, dans sa plénitude, est invisible sans un regard situé qui le rend visible, qui l'éclaire pour ainsi dire de l'intérieur. La vision nous fait donc assister du dedans à la « fission » de l'Etre (*OE*, p. 81) qui se sépare en chose perçue et corps percevant, et finalement corps perçu. Ce regard qui naît alors demeure, en effet, lui-même invisible. L'œil ne se voit pas en train de voir. Mais l'homme ne se lasse pas d'interroger ce regard, de le présenter comme une chose. Les multiples autoportraits (de Rembrandt à Van Gogh) et les nombreux tableaux qui représentent un peintre au travail (des *Ménines* de Vélasquez à l'*Atelier* de Courbet), sans parler de l' « œil rond du miroir » dans la peinture hollandaise, illustrent une sorte de *cogito* du regard, un *video* peut-être plus profond que le *cogito* de la conscience réflexive. La vision (thèse fondamentale) n'est jamais immobile, elle naît des mouvements des yeux et du corps tout entier. Elle explore un monde qu'elle a ouvert, elle domine un univers qui l'englobe. On peut certes dire que le regard est comme une fenêtre qui s'ouvre sur le monde, pour souligner que la vision est une possession, un « avoir à distance » (*OE*, p. 27), mais la comparaison est trompeuse, car la fenêtre a des bords, un chambranle qui cadre le spectacle. Le visible délimité par la fenêtre m'est extérieur (les hommes que je vois par la fenêtre ne sont-ils pas des mannequins ? se demande Descartes), il ne m'implique pas, alors que le visible véritable ouvert par le regard m'englobe et possède une profondeur *autour de moi* (*OE*, p. 59) qui ne se réduit pas aux trois dimensions de la géométrie euclidienne et cartésienne. Qui peut tracer les limites de son champ visuel ? Le visible de la perception vécue suppose donc, au sens le plus strict, un double invisible : l'invisible en deçà du visible, ce regard qui peut devenir une chose, et l'invisible au-delà du visible, mais toujours immanent au monde, plus loin, à côté, derrière, qui fait l'inépuisable richesse du monde perçu.

Le tableau, comme la fenêtre, a un cadre, des limites, et Alberti vers 1435 a présenté le tableau comme une fenêtre imaginaire transparente à travers laquelle nous dirigeons notre regard (Panofsky, 1968, p. 105). Mais le tableau n'est pas une fenêtre, car celle-ci s'ouvre (et c'est même là sa splendeur) sur un spectacle qui nous attendait. Le tableau, au contraire, même s'il joue avec les fenêtres et les baies ouvertes, crée son propre visible. D'où le « délire » de la peinture (*OE*, p. 26) qui crée un monde partiel et qui veut être complet. Car le peintre rend visibles tous les aspects de l'Etre, même ceux qui, pour le visible prosaïque, sont invisibles. La peinture est une « vision dévorante » (*OE*, p. 27).

Les animaux ne savent pas regarder. Seul l'homme, et le peintre en particulier, est capable de voir et d'exprimer ce monde sans familiarité, étranger à nos habitudes quotidiennes. Le « motif » dont parlait souvent Cézanne est précisément cette plénitude du paysage que le peintre voulait resaisir en soudant les unes aux autres les vues partielles, que la photographie peut seulement figer, et les diverses sensations qui accompagnent son exploration. Il s'agit là d'une opération d'*expression*, semblable à la parole humaine qui nomme, c'est-à-dire qui place devant nous ce qui n'était que confusément vécu. « Le paysage, disait Cézanne, se pense en moi et je suis sa conscience. » La peinture n'imite donc pas la nature au sens où celle-ci serait un objet déjà visible auquel l'œuvre devrait ressembler. Le tableau exprime et convertit en objet ce qui sans lui reste enfermé dans la vie de chaque conscience : l'écho que les choses éveillent dans notre corps. La notion d'expression permet donc d'éviter deux illusions complémentaires : l'imitation, qui suppose un objet qui existerait avant l'œuvre, et la fabrication, qui suppose une intention claire avant l'œuvre. L'artiste, au contraire, est celui qui fixe et rend accessible aux autres hommes le spectacle dont ils font partie sans le voir (*SNS*, p. 31 sqq.), l'unité retrouvée du corps et du monde. On retrouve ici le génie kantien à la fois original et exemplaire, mais sa facilité naturelle est remplacée, pour Cézanne comme pour Frenhofer dans le *Chef-d'œuvre inconnu*, par le patient et parfois ingrat travail de l'œuvre. L'artiste selon Balzac et Cézanne ne se contente pas d'être un homme cultivé qui, comme l'*homo loquax* de Bergson, manie habilement les idées toutes faites. Il assume au contraire la culture depuis le début et la fonde à nouveau. Il parle comme le premier a parlé, il peint comme si l'on n'avait jamais peint. L'expression ne peut donc être la traduction d'une pensée déjà claire et d'une « conception », puisque les pensées claires sont celles qui ont déjà été dites. N'est-ce pas ce que Kant suggérait quand il opposait la causalité par concepts de l'art en général à la création imprévisible du génie ? Chaque artiste, en tout cas, revient pour l'exprimer à ce fonds d'expérience muette et solitaire sur lequel sont bâtis la culture et l'échange des idées. Mais rien ne garantit *a priori* qu'un sens reconnaissable pourra émerger de la vie individuelle. Le paradoxe central de l'analyse kantienne du jugement esthétique de réflexion, le paradoxe de la quantité : un sentiment de plaisir subjectif qui prétend légitimement à un assentiment universel, devient, placé au cœur de la création, un miracle et une aventure risquée qui rattache la création des œuvres d'art aux autres formes de la liberté (cf. « C'est des autres, de leur assentiment qu'il doit attendre la preuve de sa valeur », *SNS*, p. 38 : l'échec de Frenhofer est toujours possible).

III. — La liberté de l'artiste

Si la création est un acte de liberté, que valent dès lors la biographie de l'artiste, l'hérédité et les influences ? En fait, de la même façon que le sens et l'unité d'une chose émergent des sensations et que le contour intelligible naît des taches de couleurs, le sens d'une vie se dégage des accidents et des « données ». La vie n'explique pas l'œuvre, sinon Zola aurait raison de voir en Cézanne un « génie avorté », mais l'œuvre, création de la liberté, ne lui est pas extérieure. L'œuvre révèle un projet qui dépasse les accidents de la vie, mais ce projet était déjà arrêté dans les premiers gestes de l'enfance. L'œuvre future s'annonce par des signes qui ne sont pas des causes et qui reçoivent d'elle leur sens. « S'il y a une liberté vraie, ce ne peut être qu'au cours de la vie par le dépassement de notre situation de départ et cependant sans que nous cessions d'être le même » (*SNS*, p. 40). Nous ne sommes jamais déterminés (par le milieu, la maladie, l'hérédité), mais nous ne changeons jamais.

Valéry, dans l'*Introduction à la méthode de Léonard de Vinci*, fait du peintre un M. Teste florentin, un monstre de liberté, sans maîtresses, sans créanciers, sans anecdotes, sans aventures, un « homme de l'esprit » qui aurait su trouver l' « attitude centrale » où la vie, la connaissance et l'art ne sont plus séparés. Les croquis anatomiques, par exemple, révéleraient un détachement qui explique comment la création artistique peut devenir, dans son essence, une méthode.

Mais dans *Sainte Anne, la Vierge et l'Enfant* ce vautour qui se dessine dans le manteau de la Vierge ? Et ce souvenir d'enfance dans un fragment sur le vol des oiseaux : « Un vautour vint à moi, m'ouvrit la bouche avec sa queue et plusieurs fois me frappa avec cette queue entre les lèvres » (cf. Freud, *Un souvenir d'enfance de Léonard de Vinci*, p. 49). Même cette conscience transparente a son énigme, note Merleau-Ponty (*SNS*, p. 42). Comment négliger ces quatre premières années que Léonard a passées avec sa mère, la paysanne abandonnée ? Comme le suggère son homosexualité, Léonard n'aima qu'une seule femme, sa mère, et ce détachement si frappant dans l'investigation du monde naturel apparaît alors comme une fuite devant la vie adulte et un attachement enfantin auquel le peintre fut toujours fidèle. Cette curiosité solitaire qui ne se fie qu'à la nature, mais aussi cette habitude de laisser des œuvres inachevées sont certainement en rapport avec la vie même de Vinci, enfant « miraculeux » qui ne connut pas l'autorité paternelle. « Devenir une conscience pure, dit Merleau-Ponty, c'est encore une manière de prendre position à l'égard du monde et des autres, d'assumer une situation » (*SNS*, p. 42 sqq.). Merleau-Ponty refuse le déterminisme psychique de Freud (hypothèse pourtant indispensable pour découvrir l'inconscient), mais, contre Valéry, contre Malraux (*Signes*, p. 80), il défend l'intuition psychanalytique qui, sans découvrir à proprement parler les causes de la création artistique, met en lumière les énigmes intimes auxquelles l'homme s'efforce de donner un sens qui n'est nulle part inscrit d'avance. Ce sont là bien sûr de misérables secrets, mais la maladie, les maîtresses et les créanciers sont « le pain dont l'œuvre fait son sacrement ».

La notion d'expression, qui permet d'échapper, selon Merleau-Ponty, à la fois au réalisme et l'idéalisme, apparaît donc à trois niveaux différents : dans la perception spontanée, avec l'expression de la chose elle-même, qui a un « style », dans l'entreprise picturale qui exprime cette perception primitive, et enfin dans la création artistique qui exprime la vie de l'artiste. La question qui va maintenant se poser va donc être la suivante : l'expression est une notion qui ne se comprend que par référence au langage humain. En quel sens la peinture, qui « fait profession de choses muettes » (Poussin), peut-elle être un langage ? Descartes déjà avait comparé les dessins d'une taille-douce aux signes du langage « qui ne ressemblent en aucune façon aux paroles qu'ils signifient ». Mais c'est précisément la conception cartésienne du langage, de l'espace et, fondamentalement, des rapports de l'âme et du corps, que Merleau-Ponty veut dépasser en la rattachant à son origine oubliée. Un philosophe peut-il cependant tout accorder à la peinture ? Le langage ne garde-t-il pas quelque privilège ? (cf. *supra*, p. 105).

IV. — Les voix du silence

L'occasion de cette confrontation entre les arts du langage, la philosophie et le langage muet de la peinture fut le livre fameux de Malraux *Les Voix du silence* que Merleau-Ponty commenta dans un article des *Temps modernes* intitulé : Le langage indirect et les voix du silence (*Signes*, p. 49).

« Les voix du silence » : l'expression cesse d'être paradoxale si l'on admet que tout langage comporte une part inévitable de silence, de tacite et d'allusion. Il faut se déprendre de l'illusion cartésienne qui considère le langage comme la traduction de la pensée, l'enveloppe transparente d'une signification pure. Nous savons depuis Saussure que les signes qui composent la langue (les « signifiants ») pris un par un ne signifient rien. Ce sont les différences entre les signes qui rendent chacun d'eux signifiant et le sens n'apparaît qu'à l'intersection des mots, par leur interaction. « C'est parce que d'emblée le signe est diacritique, c'est parce qu'il se compose et s'organise avec lui-même, qu'il a un intérieur et qu'il finit par réclamer un sens. » Comme le monde des choses, le langage dévoile lui-même ses secrets, qu'il enseigne à tout enfant qui vient au monde. Il est tout entier « monstration ». Mais en même temps il ne peut espérer se purifier totalement de son opacité. Il ne cessera jamais d'être allusif, puisque chaque mot ne doit son sens qu'au jeu de tous les mots entre eux, et donc renfermera toujours une part de silence. Car un mot ou une phrase isolés ne désigneront jamais la chose elle-même.

Les mots-ustensiles que nous utilisons dans le bavardage quotidien nous donnent l'illusion de la clarté, mais ce sont des signes usés qui portent des significations convenues. Comme le peintre qui, par le jeu des couleurs, fait naître une chose, un paysage que les préoccupations humaines cachent d'ordinaire, le poète, par l'usage créateur du langage, peut finir par « être environné de sens ». Mais ce sens, s'il est nouveau comme le monde visible créé par le peintre, ne sera pas « clair ». Admettons donc avec Malraux que la peinture parle à sa façon.

Malraux propose un schéma assez hégélien pour l'histoire de l'art. L'art est d'abord voué aux puissances du sacré. Vient ensuite la sécularisation de l'âge classique, où domine la représentation d'une belle nature « objective » qui préexiste à son expression. La peinture moderne enfin est un retour au sujet, au « monstre incomparable ». L'art devient une cérémonie à la gloire de l'individu. Après la foi et la beauté, la « présence dominatrice du peintre lui-même » (Malraux, p. 99) devient le sujet du tableau (cf. *supra*, p. 61). Mais à cette distinction entre peinture « objective » et peinture « subjective » Merleau-Ponty oppose deux objections.

En présentant la peinture classique (Chardin, par exemple) comme une représentation objective de la chose même, un beau simulacre favorisé par exemple par la technique de la peinture à l'huile, Malraux suppose que les données des sens n'ont jamais varié à travers les siècles et que la perspective classique est la perspective naturelle. Mais en s'appuyant sur les travaux de Francastel sur la naissance de la perspective *(Peinture et société)*, Merleau-Ponty montre que la perception change dans l'histoire et que l'espace en perspective de la Renaissance est *une* des manières inventées par l'homme pour projeter devant lui le monde perçu. C'est, en termes de dessin et de lois géométriques, une interprétation « facultative » du monde perçu qui, s'il n'est pas historique, reste toujours à exprimer à nouveau. Avec l'espace de la perspective classique je mets fin, en réalité, à cette coexistence temporelle des choses perçues, à cette simultanéité du proche et du lointain, qui, par leur conflit, fait la profondeur. La perspective linéaire m'oblige en effet à renoncer à l'ubiquité intentionnelle de mon regard qui allait et venait librement, qui explorait les choses par un mouvement perpétuel. Elle transcrit sur le dessin les choses selon un seul point de vue, ce que verrait un œil immobile fixé sur un point de fuite d'une ligne d'horizon. J'avais l'expérience d'un monde de choses rivales qui ne pouvait être embrassé que par un parcours temporel. Maintenant l'être inépuisable qui sollicitait mon œil se cristallise et se fige. « Les choses ne m'interpellent plus et je ne suis plus compromis par elles. » La perspective déploie un monde dominé, possédé de part en part. Et malgré cette invention des peintres de la Renaissance, qui croyaient avoir trouvé la loi fondamentale de la peinture, la profondeur reste un problème toujours neuf que chaque peintre doit résoudre. Comme le montrent les études d'E. Panofsky (*OE*, p. 51), la perspective géométrique est seulement un moment (singulièrement important) dans une information poétique du monde qui continue après elle.

Si la peinture objective est déjà une création et non une reproduction, la peinture moderne ne peut plus être définie comme l'annexion du monde par l'individu. Selon Malraux les peintres modernes ont renoncé à l'œuvre achevée pour la recherche de l'immédiat, du senti, de l'individuel, de l' « expression brute ». Mais ne faut-il pas voir plutôt dans la peinture moderne (Klee, par exemple, *OE*, p. 64) une tentative pour communiquer, mais sans passer par les conventions et la prose des choses déjà dites et déjà vues, sans le secours d'une nature préétablie. Le *style*, dès lors, que le peintre met dans son tableau — ce « schéma intérieur » qui fait après coup l'unité de l'œuvre peint — n'est pas caché dans les tréfonds de l'individu mais diffus dans tout ce qu'il voit. Le style naît, même s'il se conquiert, dans la perception même du peintre, dans son commerce avec le monde. Une déformation cohérente, un système d'équivalences reconnaissable (par exemple dans le choix des couleurs : l'accord jaune-bleu chez Vermeer) détachent dans la plénitude du monde des figures et des fonds, des creux et des reliefs, des distances et des écarts, bref un sens (*Signes*, p. 83). L'œuvre d'art nous oblige donc, chez Merleau-Ponty comme chez Heidegger, à redéfinir la vérité. Une peinture n'est pas vraie parce qu'elle est conforme à une réalité qui serait donnée. Elle est vraie sans être conforme à un modèle extérieur, elle est vraie parce qu'elle est une déformation cohérente qui ne sera jamais définitive. Contre Malraux, qui ne trouve l'unité de la peinture qu'au Musée où sont rassemblées pour la première fois des œuvres dispersées par toute la terre, dans des civilisations et des cultes étrangers, Merleau-Ponty veut rétablir l'unité vivante de la peinture non à partir d'un objet qui serait permanent (la nature) et que les peintres se contenteraient d'imiter, mais à partir d'une tâche qui demeure en quelque sorte éternelle : restituer la rencontre du regard avec les choses qui le sollicitent.

Devant des miniatures qui révèlent avec la reproduction un style que personne n'avait jamais vu, devant donc ce que Hegel appelle, à propos des gemmes sculptées, un « art du sentiment » (*Sculpture*, p. 259), Malraux est conduit, par la logique de sa conception individualiste, à supposer un destin abstrait, une « fatalité vivante » du style qui serait à l'œuvre comme une Raison hégélienne dans l'histoire de l'art. Mais en fait l'unité de la peinture et de l'art ne fait qu'illustrer l'universalité du geste humain capable, quelque différentes que soient les cultures, d'inaugurer un sens, de fonder une tradition. La peinture parle donc à sa façon. La peinture n'est pas un langage « visuel » qui désignerait directement les choses que les mots nommeraient. Bien au contraire la peinture est un langage parce qu'elle parvient indirectement, « tacitement », à une signification. De même qu'une peinture ne reproduit pas le réel, sans cesser de vouloir exprimer le monde, un roman n'est pas un compte rendu, la description d'une réalité sociale préexistante. Comme le tableau, le roman est l'opération d'un style qui ne parvient qu'indirectement, obliquement, à une signification. Cela explique pourquoi, par exemple, Marx peut adopter Balzac. Celui-ci fait voir le monde de l'argent, et cette expression importe plus que les thèses légitimistes.

CONCLUSION

La diversité des systèmes philosophiques ne doit pas cacher l'unité qui, semble-t-il, caractérise l'histoire que nous venons de retracer. De Kant à Merleau-Ponty, en effet, une question ne laisse pas de resurgir : comment prendre l'art au sérieux, en d'autres termes, comment éviter deux réductions parallèles, celle qui définit l'œuvre d'art uniquement par le plaisir subjectif qu'elle procure à un individu, et celle qui s'interdit tout jugement de valeur pour ne voir dans l'œuvre qu'un objet historique et « culturel » qu'on peut expliquer par l' « esprit du temps », les conditions sociales et économiques, les influences, la mode, le marché ou la psychologie des créateurs. Même si cette seconde réduction peut seule donner une information scientifique et précise, elle ne peut vraiment prétendre rendre compte du scandale propre à l'œuvre d'art, ce mensonge de l'expression qui a, malgré tout, une vérité. C'est la question, à l'origine platonicienne, de la vérité de l'œuvre d'art. Or, il est frappant de voir que l'œuvre d'art, loin d'être simplement soumise comme un objet à la réflexion philosophique, a peu à peu transformé la question philosophique de la vérité elle-même. (Cela est manifeste chez Nietzsche, Heidegger, Merleau-Ponty.)

Si le Musée (imaginaire ou réel) ne peut plus être ce qu'il était encore pour Cézanne, le conservatoire des exemples et de la tradition, et s'il est au contraire une maison ouverte à la diversité des styles, il donne une conscience plus aiguë de la nature de l'art, mais, en même temps, il peut rendre la création futile. Attentif à tous les styles, l'homme moderne ne cherche plus à créer un style. Nietzsche surtout a souligné ce danger. Or, Merleau-Ponty, en montrant comment la peinture peut être un langage, nous rappelle qu'aucune expression ne peut entièrement se détacher de la « précarité » des formes matérielles, qu'aucune expression ne parvient à la désignation transparente des choses mêmes. C'est d'abord une grande leçon d'humilité pour la philosophie, qui, si elle est « recherche de la vérité », est aussi œuvre du langage, comme le roman ou la poésie. Mais cette parenté nouvelle entre la peinture et la philosophie sauve aussi l'entreprise philosophique en lui redonnant un sens. Le langage de la parole a en effet sur le langage muet de la peinture un privilège qui recèle aussi un grand péril. La parole est essentiellement mémoire, elle prétend reconstituer et récapituler le passé, le redonner dans sa vérité. La dialectique de Hegel se fonde sur ce privilège, qui peut faire naître l'illusion d'une accumulation totale, d'une histoire achevée, d'une vérité possédée tout entière. Mais l'histoire de la peinture nous rappelle opportunément que le Musée imaginaire qui rassemble toutes les œuvres d'art laisse encore l'œuvre à faire, comme une tâche à résoudre. Or, dit Merleau-Ponty, l'histoire de la philosophie selon Hegel, « c'est le Musée, c'est toutes les philosophies, si l'on veut, mais privées de leur finitude et de leur puissance d'impact » (*Signes*, p. 102).

BIBLIOGRAPHIE

ALAIN, *Les arts et les dieux*, Gallimard, 1968.
ALQUIÉ (Ferdinand), *Philosophie du surréalisme*, Flammarion, 1977.
ARISTOTE, *Poétique*, Les Belles-Lettres, 1977.
BACHELARD (Gaston), *L'air et les songes*, Corti, 1943.
BAUDELAIRE (Charles), *Curiosités esthétiques*, Garnier, 1962.
CASSIRER (Ernst), *La philosophie des lumières*, Fayard, 1966.
CHASTEL (André), *Fables, formes, figures*, 2 vol., Flammarion, 1978.
DELACROIX (Eugène), *Journal*, 3 vol., Plon, 1932.
DIDEROT (Denis), *Œuvres esthétiques*, Garnier, 1976.
DUFRENNE (Mikel), *Phénoménologie de l'expérience esthétique*, 2 vol., PUF, 1953.
FREUD (Sigmund), *Un souvenir d'enfance de Léonard de Vinci*, Gallimard, 1977.
GILSON (Etienne), *Peinture et réalité*, Vrin, 1958.
GOMBRICH (E. H.), *L'art et l'illusion*, Gallimard, 1971.
— *The Story of Art*, Oxford, Phaidon, 1972.
HEGEL (G. W. F.), *Esthétique*, 10 vol., Aubier, 1965.
HEIDEGGER (Martin), *Nietzsche*, 2 vol., Pfullingen, Neske, 1961.
— *Holzwege*, Francfort, Klostermann, 1963.
HUYGUE (René), *Les puissances de l'image*, Flammarion, 1965.
KAHNWEILER (Daniel-Henry), *Juan Gris*, Gallimard, 1968.
KANT (Emmanuel), *Critique de la faculté de juger*, Vrin, 1968.
— *Première introduction* (1789), Vrin, 1975.
LHOTE (André), *Traités du paysage et de la figure*, Grasset, 1970.
MALRAUX (André), *Les voix du silence*, Gallimard, 1952.
MERLEAU-PONTY (Maurice), *Sens et non-sens*, Nagel, 1948.
— *Phénoménologie de la perception*, Gallimard, 1971.
— *Signes*, Gallimard, 1969.
— *L'œil et l'esprit*, Gallimard, 1979.
NIETZSCHE (Friedrich), *La naissance de la tragédie*, *Œuvres philosophiques complètes*, t. I, Gallimard, 1977.
— *Le gai savoir*, *OPC*, t. V, Gallimard, 1967.
— *Le cas Wagner*, *OPC*, t. VIII, Gallimard, 1974, et Mercure de France, 1970.
— *Fragments posthumes*, *OPC*, t. XII, XIII, XIV, Gallimard, 1976-1979.
PANOFSKY (Erwin), *L'œuvre d'art et ses significations*, Gallimard, 1968.
— *La perspective comme forme symbolique*, Minuit, 1978.
PASSERON (René), *L'œuvre picturale et les fonctions de l'apparence*, Vrin, 1974.
PLATON, *Œuvres*, 2 vol., Gallimard, 1950.
PROUST (Marcel), *A la recherche du temps perdu*, Gallimard, 1966.
SARTRE (Jean-Paul), *Situations IV*, Gallimard, 1973.
— *L'imaginaire*, Gallimard, 1975.
SCHOPENHAUER (Arthur), *Le monde comme volonté et représentation*, PUF, 1966.
SIGNAC (Paul), *D'Eugène Delacroix au néo-impressionnisme*, Hermann, 1978.
VALÉRY (Paul), *Introduction à la méthode de Léonard de Vinci*, Gallimard, 1957.
WHITE (John), *The Birth and Rebirth of Pictorial Space*, Londres, Faber & Faber, s.d.

TABLE DES MATIÈRES

Imprimé en France
Imprimerie des Presses Universitaires de France
73, avenue Ronsard, 41100 Vendôme
Novembre 1988 — N° 34 141